GABO y MERCEDES: UNA DESPEDIDA

Rodrigo García

Traducción de
Marta Mesa

LITERATURA
RANDOM HOUSE

Primera edición: mayo de 2021

© 2021, Rodrigo García
© 2021, Penguin Random House Grupo Editorial, S. A. U.
Travessera de Gràcia, 47-49. 08021 Barcelona
© 2021, Penguin Random House Grupo Editorial USA, LLC.
8950 SW 74th Court, Suite 2010
Miami, FL 33156

Diseño: Penguin Random House Grupo Editorial
Las fotografías, salvo que se indique lo contrario, pertenecen al archivo personal del autor

Impreso en Estados Unidos - *Printed in USA*

ISBN: 978-1-64473-395-0

Compuesto en La Nueva Edimac, S. L.

21 22 23 24   10 9 8 7 6 5 4 3 2 1

A mi hermano

Entonces fue al castaño, pensando en el circo, y mientras orinaba trató de seguir pensando en el circo, pero ya no encontró el recuerdo. Metió la cabeza entre los hombros, como un pollito, y se quedó inmóvil con la frente apoyada en el tronco del castaño. La familia no se enteró hasta el día siguiente, a las once de la mañana, cuando Santa Sofía de la Piedad fue a tirar la basura en el traspatio y le llamó la atención que estuvieran bajando los gallinazos.

CIEN AÑOS DE SOLEDAD

1

Cuando mi hermano y yo éramos niños mi padre nos hizo prometerle que pasaríamos con él la víspera del Año Nuevo del 2000. Nos recordó ese compromiso varias veces a lo largo de nuestra adolescencia y su insistencia me incomodaba. Con el tiempo llegué a interpretarla como su deseo de estar vivo para esa fecha. Él tendría setenta y dos años y yo cuarenta, el siglo XX llegaría a su fin. En mi adolescencia esos hitos no podían parecer más lejanos. Después de que mi hermano y yo nos hicimos adultos la promesa se mencionaba rara vez, aunque en efecto todos estuvimos juntos la noche del nuevo milenio en su ciudad favorita, Cartagena de Indias. «Tú y yo teníamos un trato», me dijo mi padre con timidez, quizás también algo incómodo por su insistencia. «Es cierto», le dije, y nunca volvimos a tocar el tema. Vivió quince años más.

A finales de sus sesentas, le pregunté qué pensaba de noche, después de apagar la luz. «Pienso que esto ya casi se termina.» Luego agregó con una sonrisa: «Pero aún hay tiempo. Todavía no hay que preocuparse demasiado». Su optimismo era sincero, no solo un intento de consolarme. «Un día te despiertas y eres viejo. Así no más, sin aviso. Es abrumador», agregó. «Hace años escuché que llega un momento en la vida del escritor en que ya no puede escribir una extensa obra de ficción. La cabeza ya no puede contener la vasta arquitectura ni atravesar el terreno traicionero de una novela larga. Es cierto. Ya lo siento. Así que, de ahora en adelante, serán textos más cortos.»

Cuando tenía ochenta años, le pregunté qué se sentía.

–El panorama desde los ochenta es impresionante. Y el final se acerca.

–¿Tienes miedo?

–Me da una enorme tristeza.

Cuando recuerdo esos momentos, me conmueve de verdad su franqueza, sobre todo dada la crueldad de las preguntas.

2

Llamo a mi madre entre semana una mañana de marzo de 2014, y me dice que mi padre lleva dos días en cama por un resfriado. No es raro en él, pero me asegura que esta vez es diferente. «No come y no se quiere levantar. Ya no es el mismo. Está apático. Así empezó Álvaro», agrega, refiriéndose a un amigo de la generación de mi padre que había muerto el año anterior. «De esta no salimos», es su pronóstico. Después de la llamada no me preocupo, porque la predicción de mi madre puede atribuirse a la ansiedad. Hace rato que está en una etapa de la vida en la que los viejos amigos se mueren con cierta frecuencia. Y le ha dado muy duro la reciente pérdida de dos de sus hermanos menores y más queridos. Sin embargo, la llamada hace volar mi imaginación. ¿Así es como empieza el final?

Mi madre, quien ha sobrevivido dos veces al cáncer, debe ir a Los Ángeles para hacerse unos exámenes médicos, por lo que se decide que mi hermano volará desde París, donde vive, a Ciudad de México para estar con nuestro padre. Yo estaré con nuestra madre en California. Tan pronto como mi hermano llega, el cardiólogo y médico tratante de mi padre le informa que mi padre tiene neumonía y que sería más fácil para el equipo si pudieran hospitalizarlo para hacerle más pruebas. Parece que había estado sugiriéndole eso a mi madre al menos en los últimos días, pero ella se había mostrado reticente. Tal vez le tenía miedo a lo que descubriría un examen físico a fondo.

3

Las conversaciones telefónicas con mi hermano en los siguientes días me permiten hacerme una idea de la estadía en el hospital. Cuando mi hermano registra a mi padre, la administradora salta en su silla con emoción al escuchar su nombre. «Dios mío, ¿el escritor? ¿Le importaría si llamo a mi cuñada y le cuento? Tiene que enterarse de esto.» Él le ruega que no lo haga y ella cede de mala gana. Ubican a mi padre en una habitación relativamente aislada al extremo de un pasillo para proteger su privacidad, pero en cuestión de medio día médicos, enfermeras, camilleros, técnicos, otros pacientes, el personal de mantenimiento y aseo, y tal vez hasta la cuñada de la administradora, se asoman a su puerta para echarle un vistazo. La reacción del hospital es restringir el acceso al área. Además, los periodistas han empezado a reunirse frente a la entrada principal del hospital y se publica la noticia de que se encuentra grave. No hay duda de que nos hablan fuerte y claro: la enfermedad de mi padre será en parte asunto público. No podemos cerrar la puerta del todo porque gran parte de la curiosidad que genera proviene de la preocupación, la admiración y el cariño. De niños, nuestros padres invariablemente se referían a nosotros, con razón o sin ella, como los niños mejor portados del mundo, de modo que tenemos que cumplir la expectativa. Debemos responder a este reto, tengamos o no la fuerza necesaria, con cortesía y gratitud. Tendremos que hacerlo de manera que mi madre sienta que la línea entre lo público y lo privado, dondequiera que esté dadas las circunstancias, se respeta rigurosamente. Esto siempre ha tenido una enorme importancia para ella, a pesar de o tal vez debido a su adicción por los más escabrosos programas de chismes de la televisión. «No somos figuras públicas», le gusta recordarnos. Sé que no publicaré estas memorias mientras ella pueda leerlas.

Mi hermano no ha visto a mi padre desde hace dos meses y le parece que está más desorientado que de costumbre. Mi padre no lo reconoce y está nervioso porque no sabe dónde está. Lo calma un poco la presencia de su conductor y su secretaria, que se turnan para visitarlo, y uno de ellos, o la cocinera o la empleada doméstica, pasa la noche con él en el hospital. No hay razón para que mi hermano se quede, pues mi padre necesita un rostro más familiar si se despierta en medio de la noche. Los médicos le preguntan a mi hermano cómo ve a mi padre en comparación con unas semanas atrás, ya que no pueden asegurar que su estado mental sea producto de la demencia o de su debilidad actual. No está del todo alerta ni puede responder preguntas sencillas de manera coherente. Mi hermano confirma que, aunque se ve un poco peor, así ha estado desde hace muchos meses.

Este es uno de los principales hospitales universitarios del país, de modo que temprano en la primera mañana aparece un médico con una docena de internos. Se agrupan al pie de la cama y escuchan mientras el médico revisa la condición y el tratamiento del paciente; y es evidente para mi hermano que los jóvenes médicos no tenían idea de quién es la habitación a la que acaban de entrar. Su paulatina comprensión puede verse en cada rostro a medida que lo observan con una curiosidad que apenas disimulan. Cuando el médico les pregunta si tienen alguna pregunta, todos niegan con la cabeza y lo siguen hacia la salida como patitos.

Por lo menos dos veces al día, cuando llega o sale del hospital, el tumulto de reporteros llama a gritos a mi hermano. Como un caballero de comienzos del siglo XIX, nunca falta a la cortesía y por tanto es físicamente incapaz de ignorar a un ser humano que se dirija a él directamente. Por eso, cuando le preguntan: «Gonzalo, ¿cómo está tu padre hoy?», se siente obligado a acercarse al grupo y queda atrapado en una improvisada rueda de prensa. Veo los clips en televisión y él, aunque nervioso, se desenvuelve muy bien, impulsado por pura disciplina. Lo exhorto a dejar esa costumbre. Le explico que cuando uno ve una fotografía de una estrella de cine saliendo de aparente mal humor de un café, con la cabeza inclinada e ignorando el mundo a su alrededor, no está siendo grosera ni arrogante. Tan solo intenta llegar a su auto lo más pronto posible con algo de dignidad. Me escucha con la inquietud de alguien a quien quieren convencer de participar en un crimen. Cuando finalmente acepta mi recomendación, no deja de sentirse culpable, pero admite que, con el tiempo, podría asimilar algunas de las costumbres paganas del mundo del espectáculo.

La neumonía de nuestro padre responde al tratamiento, pero las imágenes de la tomografía revelan acumulación de líquido en la región pleural y unas zonas sospechosas en el pulmón y el hígado. Son compatibles con tumores malignos pero los médicos están renuentes a especular sin las biopsias. Las zonas en cuestión son de difícil acceso, de modo que las muestras de los tejidos tendrían que tomarse con anestesia general. Dado su actual estado de debilidad, es posible que después no pueda respirar por sí mismo y que se vean obligados a ponerle un ventilador. Es lo más usual en los programas médicos de la televisión; simple pero no menos apabullante. En Los Ángeles, le planteo la situación a mi madre y, tal como lo imaginaba, rechaza el ventilador. De modo que, sin cirugía ni biopsias ni diagnóstico de cáncer, no hay tratamiento.

Mi hermano y yo lo discutimos y decidimos que él debe tratar de presionar a uno de los doctores, el residente o el neumólogo, tal vez, y obligarlo a hacer una predicción. Mi hermano pregunta: «En el caso de que el pulmón o el hígado en efecto tuvieran tumores malignos —en el caso, solo en el caso—, ¿cuál sería el pronóstico?». Tendría unos pocos meses, tal vez más, pero solo con quimioterapia. Le describo la situación y los síntomas al oncólogo y amigo de mi padre en Los Ángeles, y dice con mucha serenidad: «Posiblemente es cáncer de pulmón». Luego agrega: «Si eso es lo que sospechan, llévenlo a casa y manténgalo cómodo y en ningún caso lo vuelvan a llevar al hospital. La hospitalización los devastará a todos». Consulto a mi suegro en México, también médico, y en general su reacción es la misma: alejarnos del hospital, hacer que todo sea más fácil para mi padre y para todos nosotros.

4

Tengo que hablar con mi madre y confirmarle sus peores temores: quien ha sido su esposo por más de medio siglo es un enfermo terminal. Espero hasta quedarnos solos un sábado en la mañana y empiezo a explicarle la situación repasando meticulosamente lo que hemos vivido y lo que nos espera, y ella me escucha y me mira como con un leve desinterés, aletargada, como si escuchara una historia ya oída muchas veces. Sin embargo, al llegar al punto esencial, trato de ser conciso y claro: es muy probable que sea cáncer de pulmón o de hígado, o de ambos, y solo le quedan pocos meses de vida. Antes de que su expresión revele algo, su teléfono timbra y lo contesta, lo que me sorprende totalmente. La observo, estupefacto, mientras habla con alguien en España y me asombra este vívido, palpitante y clásico ejemplo de negación. A su manera es hermoso además de entrañable. A pesar de su fortaleza y recursos, reacciona como cualquier persona. Acorta la llamada y cuelga, y se voltea hacia mí tranquilamente y me dice: «¿Y entonces?», como si tuviéramos que decidir si es mejor tomar una avenida o una calle secundaria. «Gonzalo lo llevará a casa pasado mañana. Tú y yo debemos regresar a México.» Asiente, mientras asimila todo, luego me pregunta:

—Y entonces, ¿hasta aquí llegó? ¿Para tu padre?

—Sí, eso parece.

—¡Madre mía! —dice, y enciende el cigarrillo electrónico.

5

Escribir sobre la muerte de un ser querido debe ser casi tan antiguo como la escritura misma, y sin embargo, cuando me dispongo a hacerlo, instantáneamente se me hace un nudo en la garganta. Me aterra la idea de tomar apuntes, me avergüenzo mientras los escribo, me decepciono cuando los reviso. Lo que hace al asunto emocionalmente turbulento es el hecho de que mi padre sea una persona famosa. Más allá de la necesidad de escribir, en el fondo puede acecharme la tentación de promover mi propia fama en la era de la vulgaridad. Tal vez sería mejor resistir al llamado, y permanecer humilde. La humildad es, después de todo, mi forma preferida de la vanidad. Pero, como suele ocurrir con la escritura, el tema lo elige a uno, y toda resistencia sería inútil.

Unos meses antes una amiga me pregunta cómo le va a mi padre con la pérdida de la memoria. Le digo que vive estrictamente en el presente, sin la carga del pasado, libre de expectativas sobre el futuro. Los pronósticos basados en la experiencia previa, considerados de significancia evolutiva así como uno de los orígenes de la narración, ya no juegan un papel en su vida.

–Entonces, no sabe que es mortal –concluye–. Qué suerte tiene.

Por supuesto, el panorama que le describo está simplificado. Adaptado de la realidad. El pasado todavía juega un papel en su vida consciente. Cuenta con el eco lejano de sus notables habilidades interpersonales para hacerle a cualquiera con quien converse una serie de preguntas seguras: «¿Cómo va todo?», «¿Dónde vives ahora?», «¿Cómo está tu gente?». A veces se arriesga a un intercambio más ambicioso y se desorienta a mitad del camino, pierde el hilo de la idea o se queda sin palabras. La expresión de desconcierto en su rostro (así como el bochorno que lo atraviesa por un instante, como una bocanada de humo en la brisa) revela un pasado en el que la conversación era tan natural para él como respirar. Conversación ingeniosa, divertida, evocadora, provocadora. Su grupo de amigos de más edad apreciaba el hecho de que fuera un gran conversador casi tanto como el de ser buen escritor. Tampoco ha dejado del todo atrás el futuro. Al anochecer suele preguntar: «¿Adónde vamos esta noche? Vayamos a un lugar divertido. Vamos a bailar. ¿Por qué? ¿Por qué no?». Si le cambian de tema varias veces, se le olvida.

A mi madre la reconoce y se dirige a ella de manera alternativa como Meche, Mercedes, La Madre, La Madre Santa.

Hubo algunos meses muy difíciles, no hace mucho, en que recordaba a su esposa de toda la vida, pero creía que la mujer que tenía frente a él, asegurando tratarse de ella, era una impostora.

—¿Por qué está aquí esta mujer dando órdenes y manejando la casa si no es nada mía?

Mi madre reaccionaba con rabia.

—¿Qué le pasa? —preguntaba con incredulidad.

—No es él, mamá. Es la demencia.

Ella me miraba como si tratara de engañarla. Sorprendentemente, ese periodo pasó y en su mente ella recuperó el lugar que le pertenecía como su acompañante principal. Es el último lazo. A la secretaria, al conductor, a la cocinera, que han trabajado en la casa durante años, los reconoce como personas familiares y gente amable que le brinda seguridad, pero ya no sabe cómo se llaman. Cuando mi hermano y yo lo visitamos, nos mira larga y detenidamente, con una desinhibida curiosidad. Nuestros rostros tocan algo distante, pero ya no nos reconoce.

—¿Quiénes son esas personas en la habitación de al lado? —le pregunta a la empleada del servicio.

—Sus hijos.

—¿De verdad? ¿Esos hombres? Carajo. Es increíble.

Hubo un periodo más desagradable hace un par de años. Mi padre estaba plenamente consciente de que la memoria se le esfumaba. Pedía ayuda con insistencia, repitiendo una y otra vez que estaba perdiendo la memoria. El precio de ver a una persona en ese estado de ansiedad y tener que tolerar sus interminables repeticiones una y otra y otra vez es enorme. Decía: «Trabajo con mi memoria. La memoria es mi herramienta y mi materia prima. No puedo trabajar sin ella, ayúdenme», y luego lo repetía de una u otra forma muchas veces por hora y por media tarde. Era extenuante. Con el tiempo pasó. Recobraba algo de tranquilidad y a veces decía:

—Estoy perdiendo la memoria, pero por suerte se me olvida que la estoy perdiendo,

o

—Todos me tratan como si fuera un niño. Menos mal que me gusta.

Su secretaria me cuenta que una tarde lo encontró solo, de pie en medio del jardín, mirando a la distancia, perdido en sus pensamientos.

—¿Qué hace aquí afuera, don Gabriel?

—Llorar.

—¿Llorar? Usted no está llorando.

—Sí lloro, pero sin lágrimas. ¿No te das cuenta de que tengo la cabeza vuelta mierda?

En otra ocasión le dijo:

—Esta no es mi casa. Me quiero ir a la casa. A la de mi papá. Tengo una cama junto a la de él.

Sospechamos que no se refiere a su padre sino a su abuelo, el coronel (y que inspiró al coronel Aureliano Buendía), con quien vivió hasta que tuvo ocho años y quien fuera el hombre más influyente en su vida. Mi padre dormía en un colchoncito en el piso junto a su cama. Nunca volvieron a verse después de 1935.

—Es lo que pasa con su padre —me dijo su asistente—. Puede hablar de manera hermosa hasta de las cosas más horribles.

6

Una mujer que trabaja para una compañía de alquiler de equipos médicos entrega una cama de hospital una mañana, y la instala en la alcoba de invitados bajo la supervisión de la secretaria de mi papá. Más tarde, en el noticiero de la noche, la mujer ve llegar a la casa una ambulancia que trae a mi padre de regreso del hospital y se da cuenta de para quién es la cama. Al día siguiente nos escribe una carta en nombre de su jefe en la que dice que es un honor proporcionar la cama de hospital para que mi padre la use, y que desde luego será gratis. La reacción inicial de mi madre es rechazarla porque piensa que siempre se debe pagar del propio bolsillo. Pero la convencemos de dejarlo así. Una cosa menos con que lidiar.

Después de que mi papá sale del hospital, su certificado de alta aparece publicado en un tabloide. Parece que a mi hermano se le cayó el documento y que una visitante del hospital lo encontró; esta a su vez se lo regaló a su hija, quien se recuperaba de una cirugía y es una ávida lectora de los libros de mi padre. Cómo llegó a la prensa sigue siendo un misterio.

7

Desde que se corrió la voz de que mi padre estaba hospitalizado, la prensa y los admiradores han empezado a reunirse afuera de la casa. El día que llega del hospital hay cerca de cien personas allí, y el gobierno de la ciudad ha apostado policía para mantener un perímetro alrededor de la puerta principal. La ambulancia que lo trae del hospital se estaciona en reversa en el garaje, pero es demasiado larga y no deja cerrar las puertas de nuevo. Mi hermano, una empleada del servicio y la secretaria de mi padre levantan unas sábanas para evitar que le tomen fotografías mientras lo sacan por la parte trasera de la ambulancia y lo llevan al interior de la casa. La foto divulgada de mi hermano sosteniendo unas sábanas para proteger la poca privacidad que nos queda me enfurece. Calma, me digo, la mayoría de las personas que están en la puerta son lectores suyos y algunos medios de comunicación serios, no tabloides.

Los periodistas abordan descaradamente a los amigos o médicos que entran o salen con preguntas sobre las últimas novedades. Los miembros de la familia solemos estacionar en otro garaje y cerramos la puerta detrás de nosotros, de modo que nos salvamos. La secretaria de mi papá me dice que en una de las raras ocasiones en que mi madre sale de la casa esa semana, a su regreso la puerta del garaje no le abre. No le queda más alternativa que caminar unos diez pasos hacia la puerta principal. Cuando sale del auto, la calle queda en completo silencio, en una muestra de respeto espontánea y admirable. Recorre la distancia con la cabeza ligeramente inclinada como si estuviera perdida en sus pensamientos, pero al parecer no más alterada que si caminara desde su alcoba al baño, ajena o indiferente al cambio de ambiente que suscita. Mi padre solía decir que era la persona más asombrosa que jamás hubiera conocido.

Decidimos que mi padre no puede quedarse en la alcoba matrimonial, donde su cuidado perturbaría el sueño de mi madre. Lo acomodan al otro extremo del mismo pasillo, en una habitación de invitados que además se utiliza como sala de proyección. Décadas atrás era una terraza grande donde los estudiantes de bachillerato se reunían a fumar, pero con el tiempo la cubrieron.

Después de que lo instalan en la cama de hospital, las primeras palabras de mi padre, emitidas en un susurro áspero y difícil de entender, son «Quiero irme a la casa». Mi madre le explica que está en casa. Mira alrededor con una especie de desilusión, aparentemente sin reconocer nada. Levanta la mano derecha temblorosa hacia la cara en un gesto que es muy propio de él. La mano se posa sobre la frente y luego se desliza muy lentamente sobre los ojos para cerrarlos. Para completarlo, frunce el ceño y aprieta mucho los labios. Es un gesto que usa como señal de agotamiento, de concentración o cuando lo abruma algo que acaba de escuchar. Usualmente algo relacionado con las penurias de alguien. Lo vemos frecuentemente en los siguientes días.

Sus dos auxiliares habituales y dos enfermeras que trabajan en dos turnos van a cuidar a mi padre. La enfermera diurna es impresionante. La recomendaron en el hospital cuando dieron de alta a mi padre. Está al final de la treintena, está casada, sin hijos, es cordial, de buen genio, segura e irradia sentido común. Sus registros son minuciosos y están escritos con letra muy clara, los medicamentos y provisiones están ordenados impecablemente, las cortinas del cuarto abiertas o cerradas a lo largo del día para dejar solo una relajante cantidad de luz en la habitación. El encanto de presenciar a alguien que sobresale en lo que hace, junto con el consuelo que brinda el apoyo de un trabajador de la salud empático, la convierten en una compañía imprescindible. Además es afectuosa con su paciente, suele dirigirse a él como «mi amor» o «chiquito hermoso». Tan solo una vez la veo intranquila. Cuando revisa las últimas instrucciones del médico, encuentra un formulario que considera incompleto o una inconsistencia en los documentos relacionados con las órdenes de mi padre de No Resucitar. Por una interminable media hora, deja todo de lado mientras revisa los documentos y deja mensajes telefónicos. Al fin habla con el cardiólogo y queda satisfecha con lo que le dice. Después de que mi madre estampa sus iniciales por última vez y le aseguro que todo refleja los deseos de todos, regresa a su rutina, visiblemente aliviada.

De vez en cuando mi padre se despierta y causa revuelo a su alrededor. La familia, los cuidadores, y no pocas veces un médico domiciliario, estamos felices de interactuar con él. Le hacemos preguntas, escuchamos cuidadosamente sus respuestas y fomentamos la conversación. Nos encanta que esté despierto y los médicos y enfermeras se emocionan de conversar con el legendario maestro. Habla con una propiedad que hace olvidar, en la alegría del momento, que lleva años sumido en la demencia, y que el hombre con el que hablamos casi no está presente ni entiende nada, y apenas es él.

Unas cuantas veces al día lo cambian de posición en la cama y le hacen masajes y estiramientos. Si está despierto, puedo ver cierto placer somnoliento que lo invade. Una tarde, un médico joven –jefe de internos del hospital, hijo de padre colombiano– pasa a saludarlo. Le pregunta a mi padre cómo se siente y la respuesta es «Jodido». La enfermera informa en su largo resumen que mi padre tiene la piel irritada y que «le han estado cuidando sus genitales» aplicando crema en la zona. Mi padre escucha y pone cara de terror. Pero sonríe y su expresión no miente: está bromeando. Luego, para ser claro, agrega: «Quiere decir mis huevos». Todos se mueren de risa. Tal parece que su sentido del humor ha sobrevivido a la demencia. Hace parte de su esencia. En general, mi padre fue un hombre discreto en cuanto a su físico. Incluso, pudoroso. Pero no creo que hubiera encontrado falta alguna de dignidad en la forma en que lo están cuidando. El afecto que recibe lo habría conmovido muchísimo.

A la hora del cambio del turno de enfermería, dos enfermeras y dos auxiliares, así como una o ambas empleadas del servicio, se reúnen en la habitación por unos minutos. La secretaria de mi padre comenta, mirando sus pies cuando le cambian las sábanas, que había escuchado que tenía los pies bonitos, pero que nunca se los había visto. Todas las mujeres los miran y coinciden. Dónde demonios pudo haber escuchado eso, no tengo ni idea. Mejor no pregunto.

El sonido de un coro de voces femeninas a veces lo despierta. Abre los ojos y se le iluminan tan pronto como las mujeres se dan vuelta hacia él y lo saludan con cariño y admiración. En una de esas ocasiones estoy en el cuarto de al lado, cuando escucho al grupo de mujeres riéndose a carcajadas. Entro y pregunto qué pasa. Me dicen que mi padre abrió los ojos, las miró con atención y dijo tranquilamente:

–No me las puedo tirar a todas.

Un momento después, cuando mi madre entra, su voz y presencia lo embelesan.

8

En nuestra infancia, mis padres hacían la siesta todos los días por la tarde, casi sin excepción. De vez en cuando mi padre nos pedía que lo despertáramos si se quedaba dormido después de cierta hora. Mi hermano y yo aprendimos a muy temprana edad que era una tarea riesgosa. Si uno estaba parado demasiado cerca cuando le decía que se despertara o, Dios nos libre, le daba un empujoncito, se sobresaltaba al punto de despertarse gritando, manoteando alrededor tratando de protegerse de algo o de alguien, aterrado, respirando con dificultad. Se demoraba unos instantes en reubicarse en este mundo. Así que desarrollamos una estrategia: pararnos en la puerta de la alcoba y llamarlo por su nombre con una voz monótona, baja y apacible. Aun así, se despertaba de un salto a veces, pero por lo general no sucedía. Y si la reacción era de terror, podíamos retirarnos al corredor rápidamente.

Después de un buen despertar, se frotaba la cara con ambas manos como si se la lavara lentamente, luego nos llamaba por su apodo favorito, Perro Burro. Nos hacía señas con la mano para que nos acercáramos y nos ordenaba besar a nuestro padre y luego preguntaba: «¿Qué hay de nuevo? ¿Cómo va la vaina?». Tampoco era raro escucharlo por la noche gimiendo y respirando con dificultad y a mi madre sacudiéndole el hombro con fuerza para despertarlo. En alguna ocasión le pregunté después de una siesta intranquila qué estaba soñando. Cerró los ojos para recordar.

–Es un hermoso día y estoy en una canoa sin remos, voy a la deriva muy despacio, en paz, corriente abajo de un río apacible.

–Y ¿dónde está la pesadilla en eso? –pregunto.

–No tengo idea.

Sin embargo, creo que sí lo sabía. A pesar de su persistente negación de cualquier cosa deliberadamente simbólica en su escritura y su desdén por todas las teorías académicas o intelectuales que pudieran esclarecer cualquier metáfora en sus historias, sabe que es esclavo del inconsciente como todos. Sabe que ciertas cosas son expresión de otras. Y al igual que muchos escritores está obsesionado con la pérdida, y con su máxima manifestación, la muerte. La muerte como orden y desorden, como lógica y sinsentido, como lo inevitable y lo inaceptable.

9

A principios de sus setentas, durante y después de varias rondas de quimioterapia, mi padre escribió su libro de memorias. Inicialmente se concibió como una serie de libros; el primero empezaba con sus recuerdos más antiguos y terminaba con su traslado a París a los veintisiete años, para trabajar como corresponsal. Sin embargo, después del primero no escribió ningún otro, ante todo porque le preocupaba que escribir sobre los periodos de éxito podía convertirse, como tantas de las memorias de famosos, en poco más que jactarse de conocer personas de renombre. Una noche con fulano de tal, visita al estudio del pintor célebre, conspiración con tal o cual jefe de Estado, desayuno con un insurgente carismático.

—Solo el primer libro me interesa —decía—, porque se trata de los años que me convirtieron en escritor.

En otro contexto alguna vez dijo:

—Nada interesante me ha pasado después de los ocho años.

Era la edad que tenía cuando dejó la casa de sus abuelos, el pueblo de Aracataca y el mundo que inspiró su obra inicial. Sus primeros libros, admitía, fueron ensayos de prueba para *Cien años de soledad*.

Al investigar para sus memorias, localizó amigos de las épocas del preescolar, a muchos de los cuales no había visto o de quienes no había escuchado nada desde entonces. En algunos casos solo pudo hablar con un hijo o hija o la esposa, porque el amigo ya había fallecido. Esperaba que algunos hubieran muerto a lo largo del camino, pero quedó de una pieza por aquellos que habían muerto en los últimos años. Hombres que habían vivido vidas plenas, vidas más o menos felices y productivas y que habían muerto a los setenta, la esperanza de vida promedio en el mundo. Así que las muertes de estos hombres de su misma edad no habían sido trágicas, tan solo el final del ciclo natural de la vida. Después de este periodo, le dio por decir que «se está muriendo mucha gente que antes no se moría», y se divertía con la risa que provocaba.

10

A pesar de su naturaleza sociable y de una aparente como-
didad con la vida pública, mi padre era una persona bastante discreta, incluso introvertida. No quiere decir que fuera
incapaz de disfrutar de la fama o que después de décadas de
adulación fuera indemne al narcisismo, pero aun así siempre
sospechó de la fama y el éxito literarios. Nos recordaba (y a
sí mismo) muchas veces a lo largo de los años que Tolstói,
Proust y Borges nunca ganaron el premio Nobel, ni tampoco tres de sus escritores favoritos: Virginia Woolf, Juan
Rulfo y Graham Greene. A menudo le parecía que el éxito
no era algo que hubiera conseguido sino algo que le había
sucedido. Nunca releía sus libros (aunque lo hizo muchas
veces muy tarde en la vida, cuando su memoria se estaba des-
vaneciendo) por temor a encontrarlos vergonzosamente de-
ficientes y a que eso paralizara su creatividad.

11

Vuelo de regreso a Los Ángeles por un par de días para continuar el trabajo en una película que estoy editando. Es una historia de padres e hijos y la larga escena del clímax, que nos ocupa en ese momento, tiene que ver con la muerte del padre por una serie de circunstancias de las que el hijo puede ser en parte culpable. Hay un enfrentamiento seguido de algo así como un accidente, una escena de agonía, el transporte y lavado del cadáver, y una especie de ritual final que destruye el cuerpo, y borra al padre para siempre de la faz de la tierra. El hecho de tener que trabajar en esto mientras mi padre está en sus últimas semanas es una coincidencia nefasta que no se le escapa a nadie. Lo asumo tan solo como algo que es necesario capotear y aceptar: el sentido del humor de Dios. Pero a medida que el tiempo pasa, no puedo pretender que trabajar en estas escenas no sea insoportable. Es desgastante. Me odio por haber escrito semejante historia. Como de más, sobre todo chocolate, para mitigar un poco el dolor. Tal vez la única historia que vale la pena contar es la que nos haga reír. Haré eso la próxima vez, estoy seguro. O tal vez no.

Durante algunos años, después de que empecé a trabajar como director de cine, solían preguntarme qué artistas me habían influenciado. Con mucha diligencia lanzaba una lista de nombres, más o menos original, en gran parte obvia, hasta que un día me di cuenta de que estaba siendo deshonesto. Ningún director, escritor, poeta –ninguna pintura ni canción– han influido más en mí que mis padres, mi hermano, mi esposa y mis hijas. Casi todo lo que vale la pena saber se aprende todavía en casa.

12

Al regreso a México, mi padre ha estado en casa poco más de una semana, pero mi madre ya se ve muy cansada. Me pregunta si en realidad creo que serán meses, y pregunta de tal forma que es evidente que no se siente capaz de digerir ese lapso de tiempo. La convalecencia de mi padre en la casa, no obstante, es serena. Está en una habitación lejos de las alcobas principales, atendido, día y noche, y en general se ve tranquilo. En el resto de la casa parece que no ocurre nada extraordinario. Para mi madre, sin embargo, el tictac del reloj en esa habitación es despiadadamente lento y tan fuerte como las campanas de una catedral.

Le digo que no creo que sea tanto, pero mi opinión se basa en nada más que mi deseo de consolarla. A la mañana siguiente el cardiólogo regresa y después de examinar a mi padre por largo rato cambia de opinión: ya no serán meses, más bien semanas. Tres, tal vez, a lo sumo. Mi mamá escucha en silencio, fumando, quizás aliviada y consternada a partes iguales.

Más tarde, un gerontólogo que ronda los cuarenta pasa para explicarle el cuidado en la fase final. Es el más joven de los muchos médicos con quienes hemos tratado recientemente, lo cual es inesperado, si se asume que un joven no podría comprender los problemas de la vejez. Mi madre lo interroga como a todo el mundo. Nos revela que tiene un linfoma en remisión, y lo veo bajo una luz del todo diferente. Se ve de repente vulnerable y cohibido. La posibilidad de que pueda estar en un peligro más inminente que sus pacientes varias décadas mayores debe ser inquietante. Dice que cuando el momento llegue, si queremos acelerar las cosas, el goteo de líquidos de mi padre se puede interrumpir. Algunos países, nos explica, consideran que el agua es un derecho humano que no se le puede negar a un paciente bajo ninguna circunstancia. La legislación mexicana difiere y no es raro que miembros de la familia interrumpan la hidratación cuando el final está muy cerca. El paciente, para entonces, usualmente está sedado, dice, y no sufrirá. Escuchamos en silencio, como si estuviéramos presenciando un extraño monólogo en una obra experimental. Las ideas son intrigantes y absurdas. Prácticas, compasivas, homicidas.

13

Mi madre y yo estamos sentados juntos viendo el noticiero por cable cuando de manera inesperada me dice: «Tenemos que estar preparados porque esto va a ser un circo». Se refiere a la reacción en los medios y entre los lectores y amigos de todo el mundo cuando mi padre muera. Muchísimos empezaron a llamar y escribir desde la noticia de su hospitalización. Después, unos cuantos medios anunciaron que había vuelto a casa a pasar sus últimos días. Tiene ochenta y siete años, de modo que no es muy arriesgado suponer que en efecto pueda estar en problemas.

Decidimos con mi hermano que, tan pronto como nuestro padre muera, debemos hacer unas cuantas llamadas a periodistas que conocemos personalmente. Es una lista corta: dos periódicos de Colombia, uno, el más importante del país, y el otro, donde mi padre inició su carrera cuando tenía poco más de veinte años. En México nos decidimos por uno de los principales periodistas del país, una mujer que tiene noticieros en radio y televisión. También llamaremos a unos pocos amigos cercanos que pueden difundir la noticia como lo consideren oportuno. Su agente y amiga es una de ellos, por supuesto, así como una pareja en Barcelona y uno de sus hermanos, la persona clave para la familia en Colombia. Ya están enterados de que el final está cerca.

Entonces cruzó los brazos contra el pecho y
empezó a oír las voces radiantes de los esclavos
cantando la salve de las seis en los trapiches,
y vio por la ventana el diamante de Venus en el
cielo que se iba para siempre, las nieves eternas,
la enredadera nueva cuyas campánulas amarillas
no vería florecer el sábado siguiente en la casa
cerrada por el duelo, los últimos fulgores de la vida
que nunca más, por los siglos de los siglos,
volvería a repetirse.

EL GENERAL EN SU LABERINTO

14

Vuelo a Los Ángeles de nuevo para pasar unos días más en la sala de edición. En mi segunda noche en casa, me acuesto temprano, pero después de apagar la luz me preocupa que el teléfono suene en medio de la noche y me pegue un tremendo susto. Pasan las dos cosas. Al otro lado, escucho la voz de mi hermano que suena deliberadamente tranquila.

–Hola. Tiene mucha fiebre. El doctor dice que es mejor que regreses.

Después de colgar, reservo en el teléfono un vuelo a primera hora y yazgo despierto en la oscuridad. Me invade una inmensa tristeza por mi hermano, por mi madre y por mí. Cuando mi hermano y yo éramos niños y nos criábamos en México y España, el resto de la familia de ambos lados estaba en Colombia, de modo que teníamos la clara sensación de que los cuatro éramos una unidad, un club de cuatro. El club está a punto de perder a su primer miembro. Es casi devastador.

En el vuelo al día siguiente, por un instante no estoy seguro de si estoy viajando a o desde Ciudad de México, tal ha sido el aturdimiento de los últimos días. Una vez en el aeropuerto, mientras camino entre inmigración y retiro de equipaje, le marco a mi hermano.

–Le quedan menos de veinticuatro horas –dice.

Mierda. ¿Cómo pasamos de «Le quedan solo meses», a «Más bien unas cuantas semanas», a «veinticuatro horas»? Después de incontables conversaciones con enfermeras, cirujanos, oncólogos, especialistas de pulmón, jefes de residentes y gerontólogos, que evitaron la especulación rigurosamente, la audacia de esta nueva predicción es implacable. El cardiólogo de mi padre se ha esforzado a cada paso por explicar la diferencia entre lo posible y lo probable. Ahora estamos en lo definitivo. La autoridad con la que pueden afirmar que su vida terminará en un día parece increíble, pero por lo visto no tiene mucha matemática. Los riñones están fallando, el potasio en la sangre va en aumento, esto detendrá el corazón. Es el mismo final de cientos de millones de individuos que le precedieron. La vida, con lo antigua que es y por más que se haya vivido, sigue siendo misericordiosamente impredecible. La muerte, cuando ronda así de cerca, rara vez decepciona.

Camino hacia la cinta del equipaje mientras las lágrimas me ruedan por la cara, sintiéndome tan cohibido como una chica de secundaria que midiera un metro noventa centímetros y pesara 109 kilos.

15

Le pido a la enfermera diurna que me avise si ve algún cambio o síntoma en mi padre que pueda indicarle que el final está cerca. Agrego que no hay afán de que me avise, pero que si ve algo, se lo voy a agradecer. La esposa de mi hermano y sus hijos vuelan hasta aquí desde su casa en París, y mi esposa y nuestras hijas toman un vuelo a la mañana siguiente.

Esa tarde, mientras mi madre toma la siesta, trabajo un poco en el estudio de mi padre. Miro afuera hacia la casa y es sorprendente lo tranquila que está. Salgo al jardín y me quedo parado muy quieto y me asombra que nada delate el hecho de que la vida de una persona se extingue en una alcoba del piso de arriba.

La casa queda en un barrio construido en los años cuarenta y cincuenta por el arquitecto Luis Barragán. Originalmente estaba conformado por residencias modernistas a las que se unieron en los setenta y ochenta unas mansiones de dudoso mérito arquitectónico. Mi padre nunca se mostró entusiasmado con la zona. Pero encontró una casa construida por un personaje excepcional, Manuel Parra, quien creó su propio estilo Es una fusión de estilos colonial mexicano, español y morisco, que frecuentemente incorpora puertas, marcos de ventanas y mampostería rescatados de las demoliciones. A pesar de la siniestra lista de ingredientes, las casas se ven auténticas y son acogedoras. Mi padre siempre admiró su trabajo y pensaba que era divertido, por no decir un poco perverso, habitar una de sus casas en este vecindario de modernistas intelectuales, y ostentosos palacios de mármol.

En mi adolescencia, solía tenderme de espaldas en el pasto mirando al cielo y me sentía muy apegado a este jardín. (Incluso entonces me daba cuenta de que como lugar favorito de un niño resultaba poco interesante.) El final del día desde esa perspectiva privilegiada era un placer. Para quienes han pasado años en Ciudad de México no es una sorpresa que, a menudo, los atardeceres pueden ser extraordinarios. A veces, después de la lluvia, el aire tiene una transparencia renovada y una fragancia deliciosa, y el Ajusco se puede ver en la distancia, y cae sobre la ciudad una calma repentina, y se tiene la impresión de no estar en la caótica megalópolis contaminada, sino en el espléndido valle que fuera alguna vez, y por un instante hay una sensación tanto de nostalgia como de esperanza. Mi hermano y mi cuñada se casaron en ese jardín con un clima soleado, y una hora más tarde durante la fiesta una tormenta furiosa golpeó las carpas con granizos del tamaño de canicas. Mi padre estaba encantado. En su opinión, solo podía ser el presagio de cosas buenas. Llevan casados más de treinta años.

En este jardín también se celebró una fiesta para los sesenta años de mi padre, y él decidió invitar solo a los amigos de su generación. Algunos amigos más jóvenes se ofendieron y le hicieron el reclamo. Él se mantuvo firme, sin remordimiento: la casa no podía albergar a todas las personas de su amplísima vida, así que solo escogió al grupo de personas de su edad. En la intimidad se sentía culpable de herir los sentimientos de los demás.

Deambulo por el primer piso de la casa. Limpiaron la cocina después del almuerzo y la sala se ve como siempre. No es del todo cierto, por supuesto, ya que los muebles, las piezas de arte y las baratijas se han acumulado en capas década tras década y forman algo vagamente nuevo y apaciblemente antiguo. Ponerles fecha a algunas de ellas con cierta exactitud es imposible. Hay una pequeña y antigua estructura rocosa similar a una flor con pétalos tan afilados como cuchillos de pelar que ya estaba allí a comienzos de la década de 1980; un poema de Rafael Alberti escrito a mano que debe ser de los setenta, luego de su regreso a Madrid después de cuarenta años en el exilio; un autorretrato de Alejandro Obregón con agujeros de metralla (una noche, borracho, el artista disparó con un revólver en el ojo a su efigie pintada, furioso porque sus hijos adultos se peleaban por la propiedad del cuadro), y un libro de fotografías de Lartigue que llevo mirando desde que tenía doce años.

Durante casi veinticinco años hubo un loro en la casa que se podía escuchar a veces en las tardes silbándole a una hermosa chica ausente, cuando se cerraba una puerta o timbraba un teléfono, luego se acomodaba para descansar en silencio el resto del día por el esfuerzo realizado. Muchos de nosotros no le prestábamos demasiada atención, pero a todos se nos rompió el corazón cuando murió.

16

Subo las escaleras y miro hacia el interior de la habitación de mi padre. La enfermera diurna escribe unas notas mientras la auxiliar lee una revista. Mi padre está completamente quieto, como si estuviera dormido, pero la habitación se siente diferente al resto de la casa. A pesar de toda la calma, el tiempo ahora parece moverse más rápido aquí, como si estuviera apurado, impaciente por hacerle tiempo a otro tiempo. Es desconcertante.

Me paro a los pies de la cama y lo observo, deteriorado como está, y me siento a la vez su hijo (su hijito) y su padre. Estoy sumamente consciente de que cuento con una panorámica excepcional de sus ochenta y siete años. El principio, la mitad y el final están frente a mí y se despliegan como un libro en acordeón.

Es una sensación inquietante conocer el destino de un ser humano. Por supuesto, los años antes de que yo naciera son una mescolanza de cosas que me contaron él o sus hermanos o mi madre, o recontadas por familiares, amigos, periodistas y biógrafos y enriquecidas por mi propia imaginación. Mi padre cuando era un niño de no más de seis años jugando como portero en un partido de fútbol y sintiendo que estaba jugando muy bien, mejor que de costumbre, y sintiéndose orgulloso. Un año o dos después, contemplando un eclipse solar sin el vidrio adecuado y perdiendo para siempre la visión en el centro de su ojo izquierdo. Mirando desde la puerta de la casa de su abuelo mientras unos hombres pasaban llevando el cadáver de un hombre, y la esposa caminando detrás de ellos sosteniendo a un niño en una mano y la cabeza cercenada de su esposo en la otra. Escupiendo en su gelatina de fruta o comiendo patacones en su zapato para disuadir a varios de sus hermanos y hermanas de robarle la comida. En la adolescencia, en un viaje río arriba por el Magdalena hacia el internado, sintiéndose miserablemente solo. Durante su estancia en París, una tarde visitó a una mujer y trató de alargar la visita hasta que lo invitaran a comer, porque estaba sin un peso y no había comido en días. Luego de que eso fallara, hurgó en su basura al salir y comió de lo que encontró. (A mis quince años, les contó esto a otros frente a mí y me sentí tan avergonzado como se puede sentir un adolescente de su padre.) También estaba en París una joven y melancólica chilena, Violeta Parra, con quien se encontraba ocasionalmente en las reuniones de latinoamericanos expatriados, que escribía y cantaba muy bien unas canciones desgarradoras y que años más tarde se quitaría la vida. Una tarde en Ciudad de México en 1966, subió a la habitación donde mi madre leía en la cama y le anunció que acababa de escribir la muerte del coronel Aureliano Buendía.

–Maté al coronel –le dijo, desconsolado.

Ella sabía lo que eso significaba para él y permanecieron juntos en silencio con la triste noticia.

Incluso en el largo periodo del enorme e inusual reconocimiento literario, de riqueza y exaltación, hubo días horribles, desde luego. La muerte de Álvaro Cepeda a los cuarenta y seis de cáncer y del periodista Guillermo Cano, asesinado por los cárteles de las drogas a los sesenta y uno, la muerte de dos de sus hermanos (los más jóvenes de los dieciséis que fueron), la faceta alienante de la fama, la pérdida de la memoria y la incapacidad de escribir que llegó con ella. Al final, por primera vez desde su publicación, releyó sus libros y era como si los leyera por primera vez. «¿De dónde carajos salió todo esto?», me preguntó en una ocasión. Seguía leyéndolos hasta el final, en algún momento reconociéndolos como libros familiares por la cubierta pero con una pobre comprensión de su contenido. A veces cuando cerraba un libro se sorprendía al encontrar su retrato en la contraportada, de modo que lo volvía a abrir e intentaba volverlo a leer.

Allí de pie, me gustaría creer que su cerebro, a pesar de la demencia (y tal vez con la ayuda de la morfina), es todavía el caldero de creatividad que siempre fue. Agrietado tal vez, incapaz de regresar a las ideas o de mantener los argumentos, pero todavía activo. Su imaginación siempre fue prodigiosamente fértil. Seis generaciones de la familia Buendía le dieron forma a *Cien años de soledad*, aunque él tenía material suficiente para dos generaciones más. Decidió no incluirlo por temor de que la novela fuera demasiado larga y tediosa. Consideraba que una enorme disciplina era una de las piedras angulares para escribir una novela, en particular cuando se trataba de estructurar la forma y los límites del relato. Disentía de aquellos que decían que era una forma más libre, y por tanto más fácil, que el guion cinematográfico o el cuento. Era imperativo, argumentaba, que el novelista hiciera un plano de su propia hoja de ruta, para atravesar lo que llamaba el «terreno movedizo de una novela».

El viaje desde Aracataca en 1927 hasta este día del 2014 en Ciudad de México es tan largo y extraordinario como se puede emprender, y esas fechas en una lápida ni siquiera podrían pretender abarcarlo. Desde mi punto de vista, es una de las vidas más venturosas y privilegiadas jamás vivida por un latinoamericano. Él sería el primero en estar de acuerdo.

17

El sueño del miércoles en la noche es agitado. Me da angustia que me despierten con un toque en la puerta para decirme que ha muerto. Me levanto cuando amanece y camino a su habitación y la enfermera me dice que no se movió en toda la noche. Está en la misma posición en que lo vi la última vez y respira casi imperceptiblemente. Me pregunto si las enfermeras todavía le hacen los estiramientos y lo cambian de posición para evitar las escaras por la cama o si estamos ya más allá de todo eso. Me ducho y me visto y regreso a la habitación y, ya adentro, a la luz de la mañana, parece otra persona, un austero hermano gemelo de rasgos demacrados y piel translúcida al que no conozco tan bien. Me siento diferente en relación con este sujeto. Distante. Tal vez ese sea el propósito de la transformación, facilitar la separación, tal como una simple mirada a un recién nacido activa instantáneamente los sentimientos de apego.

En la cocina, me siento solo a la mesa con la taciturna cocinera, que ha trabajado por temporadas en la casa durante décadas y con quien mi padre se divertía mucho debido a su fuerte carácter. Me mira en algún momento pero no dice nada. Luego sale, dice, para ver a su patrón. «En caso de que necesite algo.»

Después del desayuno puedo escuchar los vallenatos que suenan en la habitación de mi padre. Es su género musical favorito y siempre regresaba a él después de periodos de infidelidad con la música de cámara o las baladas pop. Cuando la pérdida de su memoria se aceleró, podía, si le daban el verso inicial, recitar de memoria muchos de los poemas del Siglo de Oro español. Después de que esa habilidad se desvaneció, todavía podía cantar sus canciones favoritas. El vallenato es una expresión artística tan típica del mundo en que nació que incluso en sus últimos meses, incapaz de recordar siquiera algo, se le iluminaban los ojos de emoción con las notas de apertura de un clásico del acordeón. Su secretaria solía poner largas compilaciones de ellos y él se sentaba en su estudio felizmente atrapado en un túnel del tiempo. Por eso, en el último par de días, las enfermeras empezaron a ponerlos a todo volumen en su habitación, con las ventanas abiertas de par en par. Inundan la casa. Algunos los compuso su compadre Rafael Escalona. En este contexto me parecen evocadores. Me devuelven al pasado de su vida como nada más podría hacerlo, y viajo a través de ella y regreso al presente, donde suenan como una postrera canción de cuna.

Mi papá admiraba y envidiaba muchísimo a los composito-
res de canciones por su habilidad para decir tanto y de manera tan elocuente en tan pocas palabras. Mientras escribía
El amor en los tiempos del cólera se sometió a una dieta cons-
tante de canciones pop en español sobre el amor perdido o
no correspondido. Me dijo que la novela de ninguna manera sería tan melodramática como muchas de estas canciones,
pero que podía aprender mucho de ellas sobre las técnicas
con las que evocaban sentimientos. Nunca fue pretencioso
en sus gustos artísticos y disfrutaba de personas tan diversas
como Béla Bartók y Richard Clayderman. En una ocasión
pasó por mi lado cuando estaba viendo a Elton John en la
televisión interpretando sus mejores canciones, solo al pia-
no. Mi padre apenas tenía una vaga idea de él, pero la música lo detuvo en su camino y al final se sentó y lo vio todo,
fascinado. «Carajo, este tipo es un bolerista increíble», dijo.
Era típico de él referirse a algo en relación a su propia cultura. Nunca lo intimidaron las referencias eurocéntricas que
eran tan comunes en todas partes. Sabía que el arte verdade-
ro podía florecer en un edificio de apartamentos en Kioto o
en un condado rural en Mississippi, y tenía la firme convicción de que cualquier rincón remoto y desvencijado de La-
tinoamérica o del Caribe podía representar la experiencia
humana de manera poderosa.

Era un lector omnívoro y le gustaba tanto la revista *¡Hola!*,
como el estudio de casos de un médico, las memorias de

Mohammed Ali o una novela de suspenso de Frederick Forsyth, cuyas opiniones políticas detestaba. Entre sus amores literarios menos conocidos estaba Thornton Wilder, y *Los idus de marzo* estuvo en su mesa de noche por algo así como la mitad de mi vida. Estaban también los diccionarios y los libros de referencia de idiomas, que consultaba constantemente. Ni una sola vez vi que no conociera el significado de una palabra en español, y podía además ofrecer una conjetura razonable de su etimología. En una ocasión estuvo tratando de recordar la palabra que describe la interpretación crítica de un texto y por un momento estuvo fuera de sí, dejando todo a un lado en un esfuerzo frenético para recuperarla de la punta de la lengua. Su deleite fue palpable cuando gritó rápidamente: «¡Exégesis!». No era una palabra oscura, sino ajena a su mundo. Era una palabra que según su punto de vista pertenecía a la academia y a los asuntos intelectuales, que eran un tanto sospechosos para él.

18

Más tarde esa mañana, aparece un pájaro muerto dentro de la casa. Hace unos años, se cubrió lo que antes era una terraza para hacer un comedor y sala con vista al jardín. Las paredes son de vidrio, así que se presume que el ave entró volando, se desorientó, se estrelló contra el vidrio y cayó muerta en el sofá, más precisamente en el sitio donde mi padre suele sentarse. Su secretaria me informa que los empleados de la casa se han dividido en dos bandos: los que piensan que es un mal augurio y quieren arrojar al pájaro a la basura, y aquellos que piensan que es un buen presagio y quieren enterrarlo entre las flores. Los basuristas han tomado la delantera y el pájaro ya está en una caneca fuera de la cocina. Después de más debates lo dejan en un rincón del jardín, sobre la tierra por ahora, mientras se decide su destino final. Finalmente, será enterrado cerca del loro, en una zona del patio donde además hay un cachorro. La existencia del cementerio de mascotas siempre se le ocultó a mi padre, que se hubiera horrorizado.

19

Al mediodía nos reunimos con mi madre, mi hermano y su familia, que voló desde Francia la noche anterior. También llegó de Bogotá, antes del amanecer, una prima por el lado materno, que de niña vivió con nosotros por largas temporadas y quien es para mis padres como una hija. El estado de ánimo es sorprendentemente ligero, supongo que porque nadie hace luto por los vivos y porque, al fin y al cabo, es una reunión y en su mayoría de gente joven.

A través de las puertas de vidrio veo a la secretaria de mi padre que sale de su oficina, atraviesa el jardín y avanza rápidamente hacia nosotros. Me dice en voz alta que la enfermera quiere hablar conmigo. Trata de no alarmar a nadie, pero es claro que algo ha pasado. Salgo con toda la calma que me es posible, pero la sala queda en silencio.

Cuando me aproximo a la habitación de invitados la enfermera diurna sale a mi encuentro. «Su corazón se detuvo», dice nerviosamente. Entro a la habitación y al comienzo observo que mi padre se ve igual que hace menos de diez minutos, pero después de unos segundos me doy cuenta de lo equivocado que estoy. Se ve destrozado, como si algo lo hubiera fulminado —un tren, un camión, un rayo—, algo que no le causó más heridas que arrebatarle la vida. Rodeo la cama y me acerco a él y maldigo en voz baja. Al mismo tiempo, la enfermera le busca el pulso con un estetoscopio y le marca al médico. Me doy cuenta de que por un momento la inquieta que esté enfadado con ella por no avisarme como se le pedí, pero como de hecho no le llamo la atención directamente, deja de preocuparse por eso.

Al fin, localiza al cardiólogo de mi papá. Le explica que no ha habido pulso cardíaco por casi tres minutos. El doctor pide hablar conmigo. Me da el pésame y se ofrece a venir a la casa, pero sé que es un día festivo, y que está lejos, y le digo que no hace falta. Ya habíamos acordado que cuando el momento llegara, él le avisaría al jefe de residentes del hospital para que viniera a la casa a ocuparse de los trámites. Llamo al primer piso. Mi madre contesta y le digo: «Su corazón se detuvo», y a duras penas logro terminar la última palabra sin que la voz se me quiebre, pero creo que ella cuelga antes de poder escucharla. Regreso al lado mi padre. Su cabeza yace de lado, su boca está un poco abierta y se ve tan frágil como puede verse una persona. Verlo así, en esta escala tan humana, es aterrador y reconfortante.

Veo a mi mamá subiendo la escalera y caminando hacia la habitación seguida de mi hermano y su familia. Por lo general ella es quien se mueve más despacio, pero es evidente que todos decidieron dejarla ir adelante. En las últimas semanas se ha apoyado en mi hermano y en mí para incontables decisiones. Cuando entra a la habitación y ve a mi padre, me impresiona cómo sus décadas juntos le confieren completa autoridad sobre este momento. Alguna vez fueron extraños el uno para el otro, lo cual es inconcebible. Se conocieron como vecinos y, cuando él tenía catorce años y ella diez, él le pidió en broma que se casaran y ella corrió a casa llorando. El día de su boda, cincuenta y siete años y veintiocho días antes de este momento, pero a la misma hora, ella no se vistió hasta que supo que él estaba afuera de la iglesia, de modo que no había posibilidad de que la dejaran en el altar vestida de novia.

El primer instinto de mi mamá al cruzar la puerta es hacerse cargo. La enfermera y la auxiliar le levantan la cabeza a mi padre y maniobran para cerrarle la boca sujetando la mandíbula con una toalla alrededor de la cabeza. «Más ajustada», dice mi madre en voz alta a medida que se acerca a la cama. «Eso es.» Mira a mi padre de arriba abajo con desapego, como si fuera su paciente. Le levanta la sábana hasta el pecho, la alisa, pone su mano sobre la de él. Mira su rostro y le acaricia la frente y por un momento es impenetrable. Luego se estremece por un instante y estalla en llanto. «Pobrecito, ¿verdad?» Incluso antes que su propio dolor y tristeza, siente una profunda compasión por él. Solo la he visto llorar tres veces en toda mi vida. Esta última no dura más de unos pocos segundos, pero tiene el poder de una ráfaga de ametralladora.

Los momentos siguientes son confusos. Mi madre se aleja y se sienta afuera en el pasillo y por primera vez en meses enciende un cigarrillo de verdad y no uno electrónico. Le pido a la enfermera que le vuelva a poner la dentadura postiza a mi padre, antes de que la mandíbula se quede rígida, y alivia constatar lo mucho mejor que se ve con ella. Mi hermano y su familia están de pie alrededor de la cama, desconsolados. Su hijo mayor y su hija conocieron bien a mi padre cuando eran pequeños, antes de que su memoria empezara a desvanecerse. Parecen inconsolables. Se corre la voz y en un orden que ya no puedo recordar, uno tras otro, los empleados de la casa llegan a la puerta o al lado de la cama y miran con incredulidad. No hay una aparente vergüenza ni incomodidad para expresar dolor o tristeza frente a los demás. Los límites desaparecen y todas y cada una de las personas tiene su propio y singular encuentro, no solo con el difunto sino también con el acontecimiento mismo, como si la muerte fuera una propiedad colectiva. A nadie se le puede negar su relación con ella, su membresía en esa sociedad. Y la muerte como realidad en sí misma, más que la carencia de algo, se contempla con solemnidad. Incluso ese parece ser el caso de las enfermeras que están en la habitación. Continúan con sus labores, pero me parece que ahora están ensimismadas, sin poder evitar la reflexión. La muerte no es un suceso al que se pueda uno acostumbrar.

20

La enfermera diurna y la auxiliar limpian y preparan el cuerpo de mi padre para el viaje a la funeraria. La enfermera le pregunta a mi mamá si le gustaría que mi padre llevara algún traje puesto. Dice que no, por lo que la enfermera sugiere un sudario sencillo. Mi madre aparece con una fina sábana blanca bordada y se la entrega sin solemnidad alguna.

Mientras preparan a mi padre, un médico rellena los papeles necesarios para el certificado de defunción. Nos damos cuenta de que las llamadas a la prensa deben esperar. En ese mismo instante un amigo cercano está en pleno vuelo desde Colombia para despedirse de mi padre, al igual que una amiga de México, que vuela de regreso de sus vacaciones familiares. Pero me preocupan más mis hijas adolescentes, quienes también están a mitad de camino, junto con mi esposa, en un vuelo desde Los Ángeles. No quiero que al aterrizar enciendan los celulares y se enteren de que su abuelo ya falleció. Por eso, decidimos esperar y no llamar a nadie hasta que todos aterricen y se pongan en contacto con nosotros. Esto haría reír a mi papá. «Vestidos y alborotados.»

Cuando miro de nuevo al interior de la habitación, el cuerpo de mi padre está envuelto desde los pies hasta la base del cráneo. Bajaron la cama y yace horizontal, excepto por una almohada muy delgada que le levanta un poco la cabeza. Su rostro está limpio y le quitaron la toalla que tenía alrededor de la cabeza. La mandíbula está ajustada, la dentadura postiza en su sitio, se ve pálido y serio pero en paz. Los escasos crespos grises que se aplanan contra la cabeza me recuerdan el busto de un patricio. Mi sobrina le pone unas rosas amarillas sobre el vientre. Eran las flores favoritas de mi padre, y creía que le traían buena suerte.

En las siguientes horas nos sentamos junto a mi madre, quien, como de costumbre, prende las noticias para distraerse. Hay un programa sobre la vida de Octavio Paz, quien murió hace unos años y fue amigo ocasional de mis padres. Mi mamá mira unos minutos del programa, pero es evidente por su expresión que piensa en los documentales que según sospecha verá los días y semanas por venir.

De pronto dice, sin dirigirse a nadie en particular, que probablemente mi papá ya esté con Álvaro, el amigo que murió hace unos meses, «tomando whisky y hablando paja».

El teléfono de la casa timbra y, como cosa rara, ella misma contesta. Es un amigo al que no ven muy seguido. Llama para peguntar por la salud de mi papá y ofrece toda la ayuda que podamos necesitar. Mi madre lo escucha con paciencia y le agradece automáticamente, pero a la primera oportunidad le dice que mi padre ya falleció. No hace falta escucharlo al otro lado para imaginar la conmoción por la noticia, sobre todo por el tono escueto en que se pronuncia. Ella continúa y le explica que todo pasó en la última hora, como si se tratara de una entrega de comida a domicilio. Mis sobrinos, que la conocen bien, están consternados, pero también luchan por contener la risa. Cuando les lanzo una mirada cómplice, no pueden más y tienen que salir huyendo.

21

El amigo de Colombia ya aterrizó, pero no me entero hasta que el timbre de la puerta suena y me dicen que está en el primer piso. Bajo y entro bruscamente a la cocina y casi me tropiezo con él, y sin saludarlo como es debido le suelto que mi padre murió. Es uno de los amigotes más viejos de mi papá y lo tomo por sorpresa. Se queda atónito y sin palabras y los ojos se le nublan, como si repasara en su memoria toda una vida de amistad en cuestión de segundos. Me digo a mí mismo que debo estar muy cansado y tenso para dar la noticia tan torpemente y que tengo que esforzarme por hacerlo mejor.

La amiga que regresa de sus vacaciones también se pone en contacto, y por fin mi esposa aterriza y me llama del avión. Le cuento la noticia y su tristeza me conmueve tanto que no puedo hablar con mis hijas. Quiero esperar hasta verlas personalmente.

Llamo a unos cuantos amigos y familiares y cada llamada es más dolorosa que la anterior. Es un grupo que se ha mantenido al tanto, así que ninguno se sorprende, pero todos quedan mudos o casi mudos en la línea. Es más un vacío que un silencio. La mayoría de ellos tiene la tarea de llamar a otras personas y se disponen a hacerlo sin más comentarios. La agente de mi padre durante casi cincuenta años solo dice: «Qué barbaridad», y lo dice como refiriéndose a cosas del mundo que desde siempre han sido imposibles pero que finalmente han ocurrido. En mi mente puedo ver su rostro, los ojos cerrados, absorta en la idea, tratando de ir a lo más profundo de su ser, donde lo inimaginable podría poco a poco volverse realidad. «Qué barbaridad», repite, luego colgamos. Percibo una reacción parecida en muchos de los amigos de mi padre de toda la vida. Más allá de la tristeza está la incredulidad de que un hombre tan vital y expansivo, siempre embriagado con la vida y los avatares de la existencia, se haya extinguido.

Me siento para llamar a los canales de noticias que habíamos acordado, pero como ya es tarde ese Jueves Santo, encontrar a los directores de las agencias de noticias en países católicos es imposible. Hay tan pocas noticias en Semana Santa como la víspera de Navidad y por eso todos están fuera hasta el lunes. Durante casi dos horas, nos hemos enloquecido con los brazos cruzados, prisioneros de una noticia que todo el mundo espera que le demos y ahora no hay nadie para escucharla. Por último, le pedimos a la amiga que acaba de llegar de sus vacaciones familiares, quien es una personalidad de la radio con un gran número de seguidores, que lo anuncie en las redes sociales. En solo cuestión de minutos los teléfonos de la casa y los celulares empiezan a timbrar, y el número de medios, admiradores y policías se multiplica en la puerta principal.

Amaneció muerta el jueves santo. [...] La enterraron en una cajita que era apenas más grande que la canastilla en que fue llevado Aureliano, y muy poca gente asistió al entierro, en parte porque no eran muchos quienes se acordaban de ella, y en parte porque ese mediodía hubo tanto calor que los pájaros desorientados se estrellaban como perdigones contra las paredes y rompían las mallas metálicas de las ventanas para morirse en los dormitorios.

CIEN AÑOS DE SOLEDAD

22

Poco después de que la noticia de la muerte de mi padre se divulgue, su secretaria recibe un correo electrónico de una amiga con la que no ha hablado desde hace mucho tiempo. La amiga quería saber si nos habíamos dado cuenta de que Úrsula Iguarán, uno de sus personajes más famosos, también murió un Jueves Santo. Incluyó el pasaje de la novela en el correo electrónico, y al releerlo la secretaria de mi papá descubre que, después de la muerte de Úrsula, unas aves desorientadas se estrellaron contra las paredes y cayeron muertas en el suelo. La asistente lo lee en voz alta y piensa, por supuesto, en el ave que murió poco antes ese mismo día. Me mira, tal vez esperando que sea yo lo suficientemente tonto como para aventurar una opinión sobre la coincidencia. Solo sé es que me muero de ganas de contarlo.

23

Mi familia llega a la casa y, después de saludarme con un cariño especial, el principal interés de mis hijas se dirige a su abuela. Los cinco nietos siempre están muy pendientes de ella. Parece tranquila, está parlanchina y les pregunta por sus cosas, como siempre. Lo toman con naturalidad, acostumbrados como están a sus reacciones inesperadas. Consideran que su abuela es única: excéntrica y sensata, sobria y escandalosa, siempre bordeando los límites de lo políticamente correcto. La admiran, pero ella además los hace reír, lo que ha contribuido mucho al amor que le tienen.

El amigo que voló desde Colombia le pide permiso a mi mamá para ver a mi padre y ella accede. Les planteo esa posibilidad a mis hijas. Una dice que no. La otra acepta y mira a su abuelo desde lejos, sin decir casi nada, pero su expresión delata un conflicto entre la curiosidad y la tristeza.

Para entonces la noticia está en la televisión, y las biografías de mi padre, cortas y largas, viejas o ensambladas a la carrera, se presentan en varios canales. Mi madre pasa de uno a otro, ensimismada y sin comentar nada. Nos reunimos a su alrededor para repasar la vida y logros de un hombre que yace, muerto, en la habitación de al lado.

24

Hay dos hombres de la funeraria en la puerta. Su pequeña furgoneta está parqueada en reversa en el garaje y la puerta está cerrada detrás de ella. Las personas que trabajan en la casa acuden rápidamente para darle su último adiós a mi padre. La cocinera se aproxima, le acaricia la cara y le murmura al oído: «Buen viaje, don Gabriel». No es muy alta y tiene que empinarse para tocarle la frente. Por último, le da un beso en la nariz y otro en el dorso de la mano. Mi hermano susurra algo al oído de mi padre que no alcanzo a escuchar. El momento es de una intimidad tan intensa que resulta casi insoportable. Me doy media vuelta y salgo de la alcoba. Los demás permanecen de pie alrededor o afuera de la habitación en silencio, y lo observan. Mi madre no se vuelve a acercar.

Los dos hombres colocan a mi padre en una bolsa para cadáveres con una sorprendente facilidad, con flores y todo, luego atan la bolsa con firmeza a una camilla. El traslado de la camilla afuera de la alcoba y a través de otra habitación y luego escaleras abajo es una imagen sobrecogedora. De todos los eventos posibles que la imaginación me ofreció en los últimos días, jamás anticipé este momento. Los hombres se mueven con destreza pero nada en su comportamiento revela una excesiva familiaridad, y mucho menos hastío, por un trabajo que han realizado muchísimas veces, con personas de todas las edades y en todas las circunstancias. Su actitud le infunde dignidad a la tarea. Es lo que incluso los extraños hacen siempre y en cualquier lugar por las personas que han muerto: cuidar sus cuerpos con solemnidad. Mientras lo bajan despacio por las escaleras, tienen que inclinar la camilla hasta que queda casi vertical para sortear el giro en el rellano. Por un instante me imagino a mi padre erguido, como en posición de firmes, oculto, sin ser visto y sin poder ver en la oscuridad. Todos estamos de pie arriba o abajo de las escaleras, mirando en silencio. Solo mi madre está sentada, observando, inescrutable. A diferencia de la muerte hace un rato o de la cremación que tendrá lugar esa misma noche, los sentimientos con respecto a este momento carecen de misterio. Duelen hasta los huesos: se va de la casa y jamás regresará.

Mientras ponen la camilla en la furgoneta de la funeraria, me acerco con mi hermano y nuestros hijos a la ventana de una alcoba que da a la calle. Hay cerca de doscientas personas afuera de la casa, admiradores (a quienes mi padre preferiría llamar lectores), periodistas y policías. Los vecinos miran desde sus ventanas y terrazas. Las puertas del garaje se abren y la furgoneta se abre paso lenta y cuidadosamente a través de la multitud mientras los policías gritan órdenes que casi nadie obedece. Mis hijas miran atónitas. La fama de su abuelo es a veces algo concreto, otras veces abstracto y lejano a su mundo en California. Una vez, cuando estaban chiquitas, entraron con él a un restaurante en Ciudad de México, y el establecimiento estalló en un aplauso espontáneo. Era fascinante escucharlas cuando lo volvían a contar. Durante sus estadías en Los Ángeles, solía llevar a mis padres a almorzar a alguno de los restaurantes de moda, donde comían en el anonimato rodeados de los ricos y famosos del lugar. Por lo general, solo los empleados latinos del servicio de estacionamiento reconocían a mi padre, y en un par de ocasiones enviaron a uno de los suyos a comprar libros, para que él se los dedicara después de la comida. Nada podía complacerlo más.

25

Cuando llegamos a la funeraria a primeras horas de la noche, hay cientos de personas reunidas al frente, y la multitud se desborda hasta la avenida. Como aquí fue donde entregaron el cuerpo de mi padre, existe la expectativa de que habrá un oficio abierto al público, o al menos a los amigos. Tienen que desviar el tráfico y la policía despeja el camino para que nuestro auto logre entrar al parqueadero. Más tarde supe que algunos amigos cercanos estaban allí.

Un director de exequias y el gerente general de la funeraria nos reciben con la formalidad respetuosa y solemne de la profesión, pero también profundamente mexicana. Con mi esposa, dos amigos de la familia y una de las auxiliares de mi padre que es apegadísima a él (algunas de sus compañeras de trabajo especulaban que estaba enamorada de él), aguardamos en una salita de espera que improvisaron en un rincón del parqueadero subterráneo, cerca de una puerta que conduce al crematorio. Tras muchas horas de conversación, de innumerables llamadas telefónicas y correos electrónicos, de ver noticias, y luego de muchos encuentros con amigos que llegaron a la casa en las últimas horas, parece que ya han pasado días desde que mi padre murió. Me siento atontado. Mi mente intenta diferentes desahogos: la tristeza, los recuerdos, la lógica; todos terminan en callejones sin salida. Solo logro recurrir a un sentido del humor simplón y superficial.

Nos avisan que todavía falta un poco antes de que mi padre esté listo para la cremación. Las órdenes de mi madre son claras: háganlo esta noche, tan pronto como sea posible. De modo que esperamos.

Contesto una llamada de un amigo actor en Los Ángeles. Hablar con él es una pausa que agradezco, pero también hace que mi vida en California parezca un mundo lejano. La misma necesidad de cambiar de idioma, que en circunstancias normales no me cuesta trabajo en ningún sentido, esta vez es todo un reto, como interpretar un papel mal escrito o tratar de engañar a un agente de migración.

De repente, mi doble vida tiene un aire sicótico. Dicen que no hay dos países vecinos que sean más diferentes, incluso a pesar de la presencia mexicana en los Estados Unidos. Es más que el idioma y la cultura, es una mentalidad y una visión del mundo con aspectos envidiables en ambas partes, pero tan diferentes como las dos caras de una moneda. Me he convertido en una persona tan bicultural como alcanzo a imaginar que alguien pueda serlo, pero este día, que tiene tanto que ver con el universo de mi padre, la dualidad se siente forzada.

No me di cuenta hasta bien entrado en mis cuarenta que mi decisión de vivir y trabajar en Los Ángeles y en inglés fue una elección deliberada, aunque inconsciente, para hacer mi propio camino lejos de la esfera de influencia del éxito de mi padre. Me demoré veinte años en ver lo que era obvio para la gente a mi alrededor: que había escogido trabajar en un país con un idioma que mi padre no podía hablar (hablaba con soltura francés e italiano, pero su dominio del inglés era apenas suficiente como para leer las noticias), donde él pasaba poco tiempo, tenía pocos amigos cercanos y al que no tuvo visa para viajar durante años. Además, decidí escribir y dirigir cine, que fue su sueño de juventud, antes de que los intentos fallidos de vender sus inusuales historias lo llevaran a convertirlas en algunas de las novelas más famosas de su siglo. Empecé tímidamente, con una carrera como cinefotógrafo que no fue del todo infructuosa, pero que con el tiempo se colapsó bajo el peso de otras ambiciones. Cuando estaba a punto de comenzar la preproducción de mi primera película, mi padre me preguntó si podía leer el guion. Me imagino que estaba preocupado por mí, temeroso como siempre lo estuvo de que lo que mi hermano y yo hiciéramos o dejáramos de hacer se compararía con sus logros. Por suerte para ambos, el guion le gustó. Le encantaban las películas que rodé y presumía de ellas con sus amigos o con cualquiera que pudiera arrastrar a la proyección.

En sus últimos años, mi padre sugirió que escribiéramos un guion juntos. Siempre quiso escribir una película sobre una mujer de edad mediana con una carrera exitosa, que sospecha que su esposo tiene una aventura. Pronto descubre que su esposo en efecto tiene una amante, pero es una mujer muy parecida a ella, con costumbres y gustos similares, que vive en un apartamento muy parecido al de ellos. De hecho, pensaba que la misma actriz debía interpretar a las dos mujeres. Pero cuando nos sentamos a elaborarlo, su menguante memoria dio lugar a conversaciones frustrantes. Me resultaban dolorosas, y con frecuencia yo las aplazaba o interrumpía, con la esperanza de que se le olvidara el proyecto. Pasó un tiempo antes de que lo hiciera definitivamente, y es posible que algunas veces pensara que a mí simplemente no me interesaba. Hasta el día de hoy, ese episodio me entristece.

26

Por fin nos piden que entremos al tanatorio. A la derecha está el crematorio y a la izquierda un cuarto de preparación donde me dicen que puedo pasar algunos momentos con mi padre. En ese cuarto nos recibe una joven atractiva en bata desechable. Me estrecha la mano y me da el pésame y agrega que, aunque no se le solicitó, le hizo algunos retoques a mi papá y que espera que me gusten. Lo maquilló sutilmente, lo peinó y le recortó el bigote y las cejas indomables que mi madre cepilló con su pulgar incontables veces a través de los años. Esta costumbre de preparar a los muertos para contemplarlos perturbaba a mi padre, como todo lo que tenía que ver con las prácticas fúnebres. (Nunca asistió a un funeral. «No me gusta enterrar a mis amigos.») Pero ahora se ve diez años más joven y parece que está simplemente dormido; me sorprende la felicidad que siento al poder verlo así esta última vez, incluso si es con la ayuda de los cosméticos. La sábana está aún más ajustada a su alrededor que antes, y sé que en vida su claustrofobia se lo habría hecho insoportable. Es el primer momento en que se me ocurre que él está ya por encima de todo. (Una vez recitó poesía mentalmente por cuarenta y cinco minutos, con los ojos cerrados, para superar la claustrofobia de una larga tomografía.)

El sonido de una cortina al cerrarse me hace girar y me doy cuenta de que me dejaron solo en el cuarto. Miro alrededor. Aparte de la camilla donde mi padre descansa y de otra mesa vacía, no hay más piezas de mobiliario ni equipos en la habitación, que está impecable y libre de cualquier olor que me resulte raro. No sé si tengo prisa por irme o no. Ambas opciones me gustan. Toco su mejilla y está fría, pero no es una sensación desagradable. En ese estado de plácido reposo, sus rasgos no delatan signos de demencia. De nuevo puedo leer en su rostro la lucidez, la infinita curiosidad, y la prodigiosa capacidad de concentración que le envidio por encima de todas sus cosas. Trabajaba casi todos los días desde las nueve de la mañana hasta las dos y media de la tarde en lo que solo puedo describir como un trance. Cuando éramos niños, mi madre nos enviaba a veces a su estudio con un mensaje y él dejaba de escribir y se volvía hacia nosotros mientras se lo entregábamos. Miraba a través de nosotros, con sus párpados mediterráneos a media asta, con un cigarrillo en una mano y otro que se quemaba en el cenicero, y no respondía nada. Cuando crecí, a veces agregaba: «No tienes idea de lo que acabo de decirte, ¿verdad?», y aun así no obtenía una respuesta. Después de que nos alejábamos seguía en esa posición, mirando hacia la puerta, perdido en el laberinto de la narrativa. Llegué a creer que con ese nivel de concentración no había casi nada que no se pudiera lograr. Mi hermano, que trabaja con obsesión en su arte y diseño, heredó algo de eso.

A pesar de esto, a las dos y media en punto nuestro padre estaba sentado almorzando con nosotros, del todo presente. A menudo empezaba por anunciar que estaba escribiendo la mejor novela desde las grandes novelas rusas del siglo XIX, luego pasaba a cualquier tema, y solía preguntarnos qué habíamos hecho en el día. Después de hacer la siesta de la tarde, el entusiasmo empezaba a debilitarse. A la hora de la cena comentaba que el trabajo del día siguiente estaba difícil y que incluía un par de serios obstáculos, y que sortearlos sería crucial para el éxito creativo del libro. En el desayuno de la mañana siguiente, era franco sobre su nuevo nivel de preocupación: «Si hoy no sale bien, la novela completa podría ser un fracaso. Si ese fuera el caso, la abandonaría». Más tarde, al almuerzo, el ciclo volvía a empezar.

De repente me doy cuenta de que no está respirando y es fascinante. Luego me da miedo que pueda respirar y que un cadáver que respire sería monstruoso, y por eso lo miro de cerca por unos largos segundos hasta que me doy cuenta de que retengo mi propia respiración, así que exhalo con rapidez y me siento ridículo. El bigote es tan típico de suyo como la nariz y los ojos y los labios. Es su primer y único bigote, el que se dejó crecer a los diecisiete años y nunca se afeitó. Lo perdió durante la quimioterapia a comienzos de sus setentas pero le volvió a crecer, como un cola de lagartija. Trato de crear puentes en mi mente entre mi padre vivo y mi padre muerto y mi padre famoso, y este padre que tengo ante mí, y no lo consigo. Tengo el impulso de decirle algo y lo pienso: «Bien hecho», pero no lo hago por temor de sonar solemne o sentimental. Quiero tomarle una fotografía y lo hago con el celular. Al instante me siento mal del estómago, culpable y avergonzado de haber violado su privacidad de una manera tan violenta. Borro la fotografía y en su lugar tomo una de las rosas que están sobre su cuerpo. Le habría encantado que la hermosa joven lo retocara. Habría coqueteado con ella.

27

Descorro la cortina y digo que deberíamos continuar. Un empleado empuja la camilla de un cuarto al siguiente, un tramo de menos de veinte pasos que me recuerda momentáneamente la corta distancia que recorren los condenados a muerte que están sentados en un calabozo, y cuando llega el momento se dan cuenta de que la cámara de ejecución ha estado todo el tiempo allí, detrás de la pared. El cuarto es más amplio que el anterior y también está escrupulosamente limpio. La auxiliar de mi padre y los dos amigos están allí, pero mi esposa ha vuelto a salir a la salita de espera. Salgo de prisa y le hago una impaciente seña con la mano para que vuelva a entrar, y no sé si es porque necesito apoyo o porque me niego a aceptar sus discretos modales. ¿Quién carajos lo sabe? La quiero a mi lado y eso es todo; y es muy machista de mi parte no considerar en ningún momento que tal vez no quiera ser testigo de la cremación de su suegro.

El empleado alinea la camilla con las puertas cerradas de la cámara y por un momento nada sucede. Solo se escucha el zumbido bajo y discreto de los hornos dentro de la impecable y educada máquina, que esperan turno para ejecutar su voraz tarea. Luego alguien me lanza una mirada o me dice algo (ya no lo recuerdo) que da a entender que no procederán hasta que yo de una señal. Le indico al director de exequias que estamos listos; un operario abre las puertas de la cámara y una corta banda transportadora lleva lentamente a mi padre al interior. La auxiliar de mi padre dice: «Adiós, jefe». Los empleados de la funeraria aplauden. Las rosas amarillas siguen sobre él, y recuerdo que pensé que en un instante serían pulverizadas. El cuerpo viaja hasta que solo se le alcanzan a ver la cabeza y los hombros, y luego algo sale mal y se atasca. Uno de los empleados de la funeraria se acerca, y rápida y eficientemente, como si fuera algo frecuente, lo empuja de los hombros con firmeza hasta que el cuerpo se vuelve a mover y finalmente es devorado. Las puertas se cierran tras él.

La imagen del cuerpo de mi padre entrando al horno crematorio es alucinante y anestésica. Es a la vez grávida y sin sentido. Lo único que puedo sentir con algo de certeza en ese momento es que él no está allí en absoluto. Sigue siendo la imagen más indescifrable de mi vida.

"

... volando entre el rumor oscuro de las últimas hojas heladas de su otoño hacia la patria de tinieblas de la verdad del olvido, agarrado de miedo a los trapos de hilachas podridas del balandrán de la muerte y ajeno a los clamores de las muchedumbres frenéticas que se echaban a las calles cantando...

EL OTOÑO DEL PATRIARCA

"

28

Al día siguiente, viernes, un terremoto por la mañana nos recuerda que la vida continúa. Para nuestros visitantes de lugares libres de terremotos, esto solo aumenta la naturaleza alucinante de su viaje. Un poco más tarde, mi madre recibe una llamada del Instituto Nacional de Bellas Artes, que quiere celebrarle un homenaje abierto al público a mi padre, con la asistencia de los presidentes de México y Colombia. Estamos felices de hacerlo, pero no podemos pretender que sea fácil esperar casi cuatro días más para comenzar a pasar la página.

Los amigos siguen llegando de lejos y de cerca. La casa se convierte en un coctel, un velorio con bebidas y refrigerios las veinticuatro horas, y mi madre en el centro de atención, bromeando, interrogando, pronunciándose, infatigable. Incluso hay gente de la que yo había oído hablar pero que no conocía, amistades que mis padres hicieron en los últimos años, después de que me mudé a Los Ángeles. El grupo es un reflejo de sus intereses: todas las edades, ocupaciones y estratos sociales. Nuestra madre se reúne a solas y en privado con un puñado de invitados, entre ellos dos expresidentes. A pesar de su tristeza, y seguramente de su agotamiento, es gentil y paciente. Solamente juzga con dureza a uno o dos después que salen, con algo de amargura y humor mordaz. No perdona a quienes dejaron de llamar después de que mi padre perdiera sus facultades, ni siquiera para saludarla. Esa lista negra es corta, pero si estás en ella, buena suerte.

En otra ocasión, le avisan a mi hermano que el presidente de una universidad prestigiosa está en la puerta. Cuando se abre, el hombre da un paso adelante, pronuncia un elogio bien hilado pero acartonado, semejante a un discurso político, abraza a mi hermano formalmente sin decir una palabra más y se marcha para siempre.

Uno de los hermanos de mi padre llega con su esposa, así como una prima por ese lado de la familia a quien no he visto en casi treinta años. Criada en Cartagena, ahora vive en un pequeño pueblo de Maine, casada con un lugareño, y sus relatos sobre cómo logró adaptar a ella la cultura local, y no al contrario, son muy divertidos. Me recuerdan la pasión de la familia de mi padre por la anécdota, el embellecimiento y la exageración. Atrapa a tus oyentes y nunca los dejes escapar. Un buen cuento siempre supera a la verdad. Un buen cuento es la verdad.

Una tarde, la secretaria me llama. Está preocupada porque en la empresa de alquiler de equipos médicos todos saben que mi padre murió en esa cama. Podría terminar en cualquier lado, agrega, como un remate o una macabra reliquia de colección. Decidimos comprar la cama. Por lo pronto se desarma y se guarda, hasta que decidamos qué hacer con ella, en el garaje de la parte trasera de la casa, donde nadie la pueda ver. No le decimos nada a mi madre porque no le gustaría tenerla cerca. Diría que está allí esperando que ella sea la siguiente.

Mi hermano trae de la funeraria una urna con las cenizas de nuestro padre. La elección de la urna adecuada fue problemática. Mi madre quería algo que no fuera costoso ni barato, elegante pero sobrio. Aparentemente le da el visto bueno cuando la ve, aunque solo lo hace por uno o dos segundos. Ordena que la guarden lejos, en el estudio de mi padre, hasta el homenaje, y entrega una bufanda de seda amarilla para cubrirla. Luego, en lo que solo puede atribuirse a mi propio cansancio, se me ocurre que es buena idea que mis hijas y mis sobrinos posen para una foto con la urna. Se asustan, pero por otra parte les parece que la propuesta es muy graciosa, así que acceden con algo de vergüenza y esforzándose por no reírse. ¿Qué más se puede hacer sino reírse ante la idea del abuelo reducido a kilo y medio de ceniza?

La fiesta dura los tres días completos y, aunque es extenuante, resulta ser un salvavidas. El lunes, día del homenaje, bajo y me siento solo a desayunar. Cuando levanto la vista del plato descubro un arcoíris pequeño y perfecto que se forma sobre el respaldo de la silla de mi padre. Nace de la luz matutina que se refracta en el mismo vidrio contra el cual hace unos días se mató el ave. Hacia el mediodía del lunes, el núcleo del grupo, unas cuantas decenas de personas, se congregan en el jardín para una fotografía, antes de abordar una flota de autos y taxis hacia Bellas Artes. A medida que el grupo se dispersa en el jardín, mi madre imparte sus órdenes marciales: «¡Aquí nadie llora!».

En el camino a Bellas Artes le pido a un amigo que lleve la urna cuando salgamos de los vehículos y atravesemos el palacio. No quiero que me tomen fotografías con la urna, porque pienso que es algo demasiado íntimo para verlo en las noticias.

Nos reunimos donde nos dejan los autos, y seguimos a la directora del instituto escaleras arriba y a través de los pasillos hasta que llegamos a una puerta y aparecemos, de manera totalmente repentina, en el salón principal. No sé lo que me imaginé, pero lo que nos espera es intimidante. En un nivel está una base amplia donde colocan la urna, rodeada de rosas amarillas. A ambos costados hay dos zonas grandes de filas de sillas para los invitados. Pero enfrente de la urna hay un andamio con más de cien fotógrafos, camarógrafos y reporteros. Nos sentamos en la primera fila de la zona a nuestra izquierda, entre dignatarios y amigos que llegaron antes. Es obvio que esperan que montemos guardia alrededor de la urna por algunos minutos. Mi hermano y yo caminamos junto a mi madre y nos paramos donde nos dicen. El bombardeo de los flashes de las cámaras vuelve surrealista el extraño momento. No puedo dejar de pensar en las personas que conocemos que podrían estar mirando en todo el mundo. Realmente no soy yo quien está allí, tan solo un tipo de traje y corbata, de entre tres y cincuenta y tres años de edad, que hace su mejor esfuerzo para no llamar la atención. Después de nosotros, la familia de mi hermano hace su guardia, seguidos de mi esposa y mis hijas. Una de las niñas, quien sufre de fobia social, me cuenta más tarde que la experiencia le resultó muy dolorosa, casi insoportable. Lo siento por ella. Estar expuesto de esa forma, en un momento tan íntimo, en circunstancias tan tristes, y en plena adolescencia, debe ser una tortura.

Durante las siguientes dos horas permanecemos sentados observando mientras miles de personas, la mayoría de las cuales ha estado de pie por horas afuera bajo la llovizna, pasan y presentan sus respetos. Muchos ponen flores, reliquias, figuras religiosas o medallas en la base del lugar donde descansa la urna. Muchos dejan sus propios libros o notas de condolencia o de cariño, algunas dirigidas al maestro, pero la mayoría, de manera más informal, a Gabo o Gabito. Es un claro recordatorio de que nuestro padre también le pertenecía en gran medida a otras personas.

El homenaje nos da la oportunidad de ver a un grupo de amigos completamente diferente al que no habíamos visto aún, o no en mucho tiempo. Incluso alcanzo a ver a unos cuantos que caminan entre los dolientes que pasan. Les hago una seña para reunirnos al otro lado del salón principal y nos ponemos al día rápidamente. Gracias a estos encuentros, la ceremonia no resulta desagradable.

En algún momento, sentado con mis propios pensamientos, miro detenidamente las caras de los dolientes que pasan. Recuerdo que mi padre decía que todos tenemos tres vidas: la pública, la privada y la secreta. Por un instante se me ocurre que tal vez alguien de su vida secreta pudiera estar entre esa gente. Antes de que pueda obsesionarme demasiado con la idea, un trío vallenato que estaba en la fila llega, se detiene e interpreta una canción para mi padre. Es alegre y lo agradezco.

Escuchamos que el avión del presidente de Colombia aterrizó y que él ya viene en camino al homenaje. El presidente pronto ingresa detrás de su anfitrión, el presidente de México. Una sorpresa agradable es que muchos otros amigos de mis padres llegaron en ese avión y esta nueva oleada vuelve a levantarnos el ánimo. Mi madre los saluda con gran regocijo, complacida. «¿Qué les parece todo esto?», pregunta.

Se escuchan los himnos nacionales de los dos países y el ambiente cambia. El presidente colombiano, quien es como de mi edad, fue un conocido de mi padre por muchos años y se hicieron amigos mucho antes de que llegara a la presidencia. No escatima palabras. Gabo, dice, fue simplemente el colombiano más grande que jamás haya existido. Mi madre lo mira con orgullo, como si fuera un sobrino al que le ha ido muy bien en la vida. Su hermano periodista también está allí. Es una de las personas favoritas de mi madre, y la pone al tanto de los chismes de Bogotá. Ella está contenta, a pesar de las circunstancias.

Hacia el final de su discurso, por lo demás bastante bueno, el presidente mexicano hace alusión a nosotros como «los hijos y la viuda». Me retuerzo en la silla, con la certeza de que mi madre no lo verá con buenos ojos. Cuando los jefes de Estado salen, mi hermano se me acerca y dice con ironía: «La viuda». Nos reímos nerviosamente. Pronto mi madre da su opinión en términos inequívocos, refunfuñando. Amenaza con decirle al primer periodista que se le cruce que planea volver a casarse tan pronto como sea posible. Sus últimas palabras al respecto son: «Yo no soy la viuda. Yo soy yo».

Mi hermano y yo nos habíamos prometido que mientras hubiera gente haciendo fila afuera del Palacio de Bellas Artes para presentarle sus respetos a nuestro padre, él y yo nos quedaríamos sin importar la hora, después de la partida de los jefes de Estado, la prensa, amigos y familiares. Sin embargo, momentos después de que la ceremonia se clausura oficialmente, está claro que nuestras buenas intenciones no son suficientes para evitar que estemos al borde del colapso. De modo que, decepcionados por nuestro fracaso pero con la esperanza de poder perdonarnos, nos vamos.

29

Vuelo de regreso a Los Ángeles por un par de días. Hasta hace poco, incluso cuando ya no sabía quién era yo, mi padre se quejaba cada vez que me despedía. «No, hombre, ¿por qué te vas? Quédate. No me dejes.» Siempre era una patada en el estómago. Nada diferente a dejar a un niño llorando en el jardín infantil, pero sin la convicción, ilusoria o no, de que todo es por su propio bien.

En casa ya hay cientos de cartas de pésame que me esperan. En esta otra realidad parecen referirse a un hecho que sucedió lejos y hace tiempo. Las dejo para después, cuando puedan resultarme (como en efecto sucede) más consoladoras. En una llamada, mi madre me cuenta que un hombre se acercó a la puerta de la casa y se presentó como el señor Porrúa. Ella asume que es alguien de la misma familia Porrúa que es propietaria de una de las casas editoriales más antiguas de México. Lo recibe en la sala y no lo reconoce, pero es amistoso y efusivo, pregunta por la asistente de mi padre, por mi hermano y por mí, por nuestros nombres, y comparte sus recuerdos de mi padre. Cuando la asistente de mi padre entra, el hombre se levanta de un salto y la abraza efusivamente. Ella no se atreve a admitir que no lo recuerda. El señor Porrúa vuelve a sentarse y en seguida explica que llegó a la ciudad en un auto que ahora está varado, pero que, debido a la firme intención de expresar sus condolencias, le pidió a un amigo, que espera afuera, que lo llevara. ¿Podría mi madre ser tan amable de prestarle el equivalente a unos doscientos dólares americanos para reparar su auto? Mi madre le da el dinero en efectivo, el hombre sale y nunca se vuelve a saber de él. Más tarde descubrimos que es un reconocido estafador. Al enterarse, mi madre se ríe a carcajadas.

Además de los pésames, amigos me envían correos con la primera plana de periódicos de todo el mundo del día de la muerte de mi padre. Eso me sumerge en la madriguera del internet, donde veo que casi todas las primeras páginas de todos los periódicos nacionales o locales registraron la noticia ese día. Leo tantas versiones como puedo, cada periódico enfatiza distintos aspectos de su vida o de sus logros. Una vez más, me esfuerzo por conciliar a esta persona que aparece en la prensa con aquella con la que pasé las últimas semanas, enferma, moribunda, y finalmente convertida en cenizas en una caja. Y con el papá de mi infancia, aquel que eventualmente se convirtió en mi hijo y en el de mi hermano. Reviso mis notas de los últimos días, y no sé si reunirlas en algún tipo de relato. Al igual que mi madre, mi papá tenía la firme convicción de que nuestra vida familiar debía ser estrictamente privada. De niños nos hicieron cumplir esa regla una y otra vez. Pero ya no somos niños. Niños adultos, quizás, pero no niños.

Mi padre se quejaba de que una de las cosas que más odiaba de la muerte era el hecho de que sería la única faceta de su vida sobre la que no podría escribir. Todo lo que había vivido, presenciado y pensado estaba en sus libros, convertido en ficción o cifrado. «Si puedes vivir sin escribir, no escribas», solía decir. Yo estoy entre aquellos que no pueden vivir sin escribir, por eso confío en que me perdonaría. Otra de sus afirmaciones que me llevaré a la tumba es «No hay nada mejor que algo bien escrito». Esa resuena de forma particular, porque sé muy bien que cualquier cosa que escriba sobre sus últimos días puede llegar a publicarse fácilmente, sin importar su calidad. En el fondo sé que voy a escribir y a mostrar estos recuerdos de una u otra forma. Si tengo que hacerlo, recurriré incluso a otra cosa que nos decía: «Cuando esté muerto, hagan lo que quieran».

30

Regreso a México para pasar un tiempo con mi madre y ver a unos amigos de Barcelona que no pudieron volar antes. Hemos sido muy cercanos desde 1968 y, ahora que la fiesta terminó, prácticamente solo estamos nosotros en la casa. Disfruto de su compañía en relativa paz y silencio, pero eso también hace más evidente la ausencia de mi padre. Ambos son psicólogos y fueron dos de sus principales confidentes. Mi padre nunca estuvo en terapia, alegando que la máquina de escribir era su psicoanálisis. Es posible que tuviera miedo de que la terapia le robara aunque fuera una pizca de su creatividad, o que le incomodaba el desnudamiento que involucraba. Algunas veces nos animó a hablar con los amigos cercanos o con la familia sobre nuestras preocupaciones, porque de lo contrario terminaríamos pagándole a un profesional para que las escuchara.

Lo que más deseo en este regreso a México es hablarle a mi padre sobre su propia muerte y sus repercusiones. Me deten-

go en su estudio en la parte trasera del jardín, donde sus cenizas están guardadas bajo llave, y donde, como en el resto
de la casa, el retorno a la normalidad transcurre lenta pero
inexorablemente. Mi madre no ha vuelto al estudio, y nunca más lo hará. La habitación donde mi padre murió se ve
como antes. Según mis hijas, sobrina y sobrinos, es una habitación a la que no se debe entrar. Decido dormir allí en un
intento de recuperarla como habitación de invitados. Para
bien o para mal, paso una noche sin novedad.

31

Abordo un vuelo de madrugada de regreso a Los Ángeles, agotado. Es mi octavo vuelo hacia o desde Ciudad de México en tres semanas. A medida que la aeronave rueda despacio hacia la pista, me abruma repentinamente la claridad con la que puedo sentir que el paso excepcional de mi padre sobre la Tierra ha terminado. Durante el despegue me inunda la tristeza, pero la sincronización inesperada del vacío de la pérdida con la poderosa energía de los motores me reanima extrañamente. A medida que el tren de aterrizaje se eleva y el avión se inclina a la izquierda, se pueden ver dos volcanes al oriente, a contraluz del sol naciente. El Popocatépetl, cientos de miles de años más antiguo que la palabra escrita, y el Iztaccíhuatl, de cuerpo presente. Cuando alcanzamos los diez mil pies de altura, se escucha una señal parecida a la de un sutil despertador. Me recuesto en el asiento y miro a mi alrededor. La mujer a mi lado está leyendo *Cien años de soledad* en su teléfono.

"

El capitán miró a Fermina Daza y vio en sus pestañas los primeros destellos de una escarcha invernal. Luego miró a Florentino Ariza, su dominio invencible, su amor impávido, y lo asustó la sospecha tardía de que es la vida, más que la muerte, la que no tiene límites.

EL AMOR EN LOS TIEMPOS DEL CÓLERA

"

32

Nuestra madre murió en agosto de 2020. Todo sucedió más o menos como pensamos que sucedería, ya que, después de sesenta y cinco años de fumar, su capacidad pulmonar era cada vez menor y en los últimos años estuvo con oxígeno todo el día. Su espíritu, sin embargo, nunca se marchitó. Miraba las noticias en la televisión por varias horas al día mientras revisaba más noticias en una tablet, y se mantenía en contacto con su red de amigos con dos teléfonos fijos y tres celulares que tenía en fila al frente. En los últimos meses de su vida conversamos por video casi todos los días y, a pesar de que había poco para contar más allá de los sucesos mundiales, parecía ser la misma de siempre, aunque se aburría un poco por estar aislada de la mayoría de sus amigotes. A pesar de que su salud se deterioraba y de que su movilidad era cada vez menor, al parecer no le preocupaba demasiado su condición. No pude ver mayores fisuras en su comportamiento. ¿Era valentía, negación, o fingía? Sobresalió siempre en las tres materias.

«¿Cuándo crees que terminará esta pandemia?», me preguntaba a menudo. Ya estamos a finales del 2020 y todavía no le tendría una respuesta. Como la pandemia no me permitió viajar, la vi con vida por última vez en la pantalla resquebrajada de mi celular, y luego, cinco minutos más tarde, cuando ya se había marchado para siempre. Dos cortos videos en directo, separados por la eternidad, y de los que mi capacidad de contar historias aún no se recupera. ¿Qué puedo relatar yo que fuera más contundente? En los días posteriores a su muerte esperaba que llamara a preguntarme: «Entonces, ¿cómo fue mi muerte? No, calma. Siéntate. Cuéntalo bien, sin prisas». Ella escucharía, me imagino, mientras alternaba la risa con chupadas ávidas a los cigarrillos que le quitaron la vida. Hablaría con amigos de todo el mundo, recibiría sus condolencias con deleite y radiante vanidad, antes de preguntar, con mayor interés, por el divorcio de un hijo o por algún objeto robado.

Mi padre la presionó durante años para que dejara de fumar y ella lo intentó algunas veces de muy mala gana, pero no pudo. Incluso en los primeros días que estuvo con oxígeno, me pidió algunas veces que le sostuviera la mascarilla en la mano mientras le daba unas chupadas a un cigarrillo. «No apagues la máquina», me decía. «Enseguida vuelvo a ponérmela.» Las advertencias de mi padre sobre cómo podía ser la muerte de un fumador siempre nos preocuparon a mi hermano y a mí. Sin embargo, esas preocupaciones resultaron útiles porque nosotros (o debiera decir mi hermano, que fue quien estuvo con ella) estuvimos muy pendientes de que su adiós no fuera doloroso ni lleno de ansiedad. No fue ninguno de los dos.

La mayoría de borradores de los trabajos en curso de mi padre fueron rescatados a escondidas por mi madre, porque él se oponía estrictamente a mostrar o guardar trabajos sin terminar. Muchas veces, durante nuestra niñez, nos mandaba a llamar a mi hermano y a mí para que nos sentáramos en el piso de su estudio y le ayudáramos a rasgar y botar versiones preliminares completas. Una triste imagen, estoy seguro, para coleccionistas y estudiantes de su proceso creativo. Sus documentos y biblioteca de referencia se destinaron al Ransom Center en Austin, Texas, y mi madre disfrutó mucho la ceremonia de inauguración de esa colección. Asistieron ambas familias, la de mi hermano y la mía, y ella estuvo contenta y se refugió en la compañía de sus nietos. Disfrutaba en especial de las nietas, tal vez porque cuando los chicos crecieron las niñas siguieron más interesadas en sus preocupaciones diarias y más pendientes de sus problemas de salud. Les regalaba sus bolsos y accesorios viejos, a veces de manera tan generosa que a las niñas las incomodaba aceptarlos. Aunque no demasiado. Una de mis hijas sentía que mi madre era la persona del mundo a la que más se parecía y eso la llenaba de orgullo; y de mi sobrina podría decirse que, de todos nosotros, fue quien más la acompañó en sus últimos años. Mi otra hija se esmeraba en contactarla desde el exterior con frecuencia y era muy cariñosa con ella. La abuela de mi madre fue una figura dominante en su vida, una matriarca respetada y temida, y quien, creo, contribuyó a que tuviera debilidad por las nietas. Amaba a los hijos de mi hermano, pero creía que los varones tendían a retirarse a sus propios mundos a medida que crecían, y lo aceptaba. Estas son solo mis teorías, por supuesto, y si ella las escuchara las rechazaría, dándome la espalda con impaciencia.

Dos años después de la muerte de mi padre, llevamos sus cenizas a Cartagena. Fueron colocadas dentro de la base de un busto (asombrosamente parecido a él), en el patio de una casa colonial, ahora abierta al público. Hubo una ceremonia oficial, precedida y seguida del coctel de rigor de puertas abiertas en la casa de mis padres. Al igual que cuando la muerte de mi padre, duró varios días, pero como el ambiente era más alegre, mi madre se aseguró de que hubiera música en vivo hasta altas horas de la noche. Me pareció que aquellos días fueron en cierto modo emotivos, y tal vez un poco cansados, aunque, curiosamente, en el momento pensé que no lo eran tanto. Todo resultaba bastante llevadero. El último día que pasé allí, me detuve temprano en la mañana para darle una última mirada al lugar de descanso de las cenizas. Me impresionó pensar que estarían allí, que él estaría allí, durante mucho tiempo, siglos tal vez, hasta mucho después de que todos los que estábamos vivos nos hubiéramos ido. El recorrido al aeropuerto fue triste, y veinticuatro horas después de aterrizar en Bogotá estaba hospitalizado con una infección urinaria y un coágulo de sangre en una pierna. Tal vez los días anteriores habían sido más estresantes de lo que pensaba.

Solo han pasado tres meses desde la muerte de mi madre, y me sorprende la rapidez con la que su figura se ha engrandecido para mí. No puedo pasar al lado de una fotografía suya sin detenerme un momento a mirarla. Su rostro parece más amable y hermoso que nunca, incluso en su vejez. Sufrió de ansiedad toda la vida (y tal vez sin ser consciente de ello) y sin embargo tenía una capacidad enorme para disfrutar, y su interés por la vida y la vida de los demás, como el de mi padre, fue inagotable. Mis sentimientos por mi padre, aunque amorosos, fueron más complejos, debido a que su fama y talento lo convirtieron en varias personas diferentes que tuve que esforzarme por integrar en una sola, rebotando siempre de un lado a otro entre emociones encontradas. También tengo sentimientos enrevesados sobre la larga y dolorosa despedida que fue su pérdida de memoria, y la culpa de encontrar algo de satisfacción al sentirme intelectualmente más capaz que él. Mis sentimientos por mi madre son ahora, para mi sorpresa, completamente sencillos. Esta es la clase de afirmación que hace que los psicoanalistas levanten las cejas, y sin embargo es cierto. Ella sentía temor por las grandes muestras de emotividad, y en la infancia nos inculcó siempre mantener la compostura. Sin embargo, con el tiempo comprendí que era una actitud que había heredado de sus padres, que con seguridad también la habían heredado de los suyos. Siempre que le sugerí que podía beneficiarse de la terapia o la medicación, su reacción era inequívoca: «No. No soy una histérica».

Agradezco que pude entender esto mientras estaba aún viva, y aceptarlo, de modo que lo que queda es solo afecto y un enamoramiento con la energía vital que emanaba de ella. Era franca y reservada, crítica e indulgente, valiente pero temerosa del desorden. Podía ser quisquillosa y crítica, pero también indulgente, especialmente cuando una persona le confiaba sus problemas. Entonces era solidaria y se ganaba su devoción. Con mi hermano y conmigo fue cariñosa, aunque no tanto físicamente, pero sí profundamente afectuosa en su actitud, y cada vez más con el paso de los años. Sin lugar a dudas, su personalidad compleja ha contribuido a mi fascinación de toda la vida por las mujeres, en particular las multifacéticas, las enigmáticas, y por aquellas a las que llaman, creo que de manera injusta, mujeres difíciles.

Siento una admiración renovada por mis padres. Admito que este punto de vista (algunos lo llamarán revisionismo) no es inusual. La ausencia nos vuelve más cariñosos y más comprensivos, y reconocemos que nuestros padres tenían pies de barro como todo el mundo. En el caso de mi madre, en vista de la época y lugar en que nació, me asombra cómo se convirtió en la persona que llegó a ser, siempre sólida y firme e incluso dirigiendo el mundo que el éxito de mi padre les proporcionó. Fue una mujer de su época, sin estudios universitarios, madre, esposa y ama de casa, pero muchas jóvenes con vidas prominentes y carreras exitosas la admiraban sin reserva y le envidiaban su determinación, resiliencia y su conciencia de sí misma. Era conocida por sus amigos como «La Gaba», un apodo derivado del «Gabo» de mi padre y por tanto patriarcal, pero, a pesar de eso, todos los que la conocieron sabían que ella se había convertido en una magnífica versión de sí misma.

Dos años antes de su muerte, sentada en un restaurante, mi madre me contó que después de ella, la hija mayor, su madre había tenido dos bebés que habían muerto en la infancia. Me sorprendió no haber escuchado nunca nada al respecto. Le pregunté si tenía alguna remembranza de eso, y me dijo que sí. Recordaba claramente a su madre sosteniendo en brazos a un bebé muerto. Hizo una cunita con su brazo izquierdo para mostrarme cómo. «¿Por qué nunca me habías contado eso?», le pregunté. «Porque nunca preguntaste», fue su respuesta. Tonto de mí. Tiempo después le volví a preguntar al respecto, ávido de más detalles, pero negó no solo haber contado semejante historia, sino también haber visto alguna vez a un hermano bebé muerto. Me quedé pasmado. No era senilidad ni demencia. Su memoria siempre fue invulnerable. Insistí. «No. Nunca sucedió», me dijo contundentemente. Lo dejé así ese día, pero estaba resuelto a regresar a ese misterio una vez más en el futuro, en caso de que el viento hubiera cambiado, pero el tiempo se agotó. También pasé cincuenta años de mi vida sin saber que mi padre no tenía visión en el centro de su ojo izquierdo. Me enteré cuando lo acompañé al oftalmólogo y solo porque el doctor lo mencionó durante el examen. Me gustaría saber cómo se recordaban mis padres a sí mismos de jóvenes, o incluso tener una noción de lo que pensaban de su lugar en el mundo, por allá cuando sus vidas estaban confinadas a los pueblos de su infancia colombiana. Daría cualquier cosa por pasar una hora con mi padre cuando era un malandrín de nueve años, o con mi madre cuando era una niña vivaracha de once, ambos incapaces de sospechar la extraordinaria vida que los esperaba. Y por eso, en el fondo de mi mente tengo la inquietud de que tal vez no los conocí lo suficientemente bien, y sin duda lamento no haberles preguntado más por los detalles de sus vidas, sus pensamientos más íntimos, sus mayores esperanzas y temores. Es posible que sintieran lo mismo por nosotros, pues quién puede llegar a conocer plenamente a sus propios hijos. Estoy impaciente por saber qué piensa mi hermano al respecto, porque estoy seguro de que un hogar es un lugar muy diferente para cada uno de sus habitantes.

Nos espera una decisión sobre el futuro de la casa. A mi hermano y a mí nos encanta visitar las casas-museo de escritores y artistas del pasado, y de otras infelices personas de éxito de esa índole, y por eso nos inclinamos en ese sentido. Sin embargo, me sorprende un poco mi deseo de abrir las puertas de nuestra casa paterna a todos y cada uno. Tal vez sea un intento desesperado de derrotar el paso del tiempo, o al menos de ahorrarnos el dolor de tener que desocuparla y venderla a extraños.

La muerte del segundo progenitor es como mirar a través de un telescopio una noche y ya no encontrar un planeta que siempre estuvo allí. Se ha desvanecido, con su religión, sus costumbres, sus hábitos y rituales particulares, grandes y pequeños. El eco perdura. Pienso en mi padre todas las mañanas cuando me seco la espalda con una toalla, cosa que él me enseñó después de ver que lidiaba con una cuando tenía seis años. La mayoría de sus consejos siempre me acompañan. (Uno de mis favoritos: Sé indulgente con tus amigos, para que ellos sean indulgentes contigo.) A mi madre la recuerdo cada vez que acompaño a un invitado hasta la puerta cuando se marcha porque sería imperdonable no hacerlo, y cuando le pongo aceite de oliva a todo. Y, en años recientes, los tres juntos, ellos y yo, me devuelven la mirada cuando veo mi cara en el espejo. También me he empeñado en guiar mi vida de acuerdo con su directiva, rara vez pronunciada pero incuestionable: No seas chueco.

Gran parte de la cultura de nuestros padres sobrevive de alguna manera en los nuevos planetas que mi hermano y yo hemos creado con nuestras familias. Algo de ello se ha fusionado con lo que nuestras esposas trajeron, o decidieron no traer, de sus propias tribus. Con los años, la fragmentación continuará y la vida se sedimentará sobre las capas del mundo de mis padres y las capas de otras vidas vividas, hasta que llegue el día en que nadie en esta Tierra tenga memoria de su presencia física. Tengo ahora casi la edad que tenía mi padre cuando le pregunté qué pensaba de noche, después de apagar la luz. Como él, no estoy muy preocupado aún, pero estoy cada vez más consciente del paso del tiempo. Por ahora, todavía estoy aquí, pensando en ellos.

LOS RECUERDOS EN IMÁGENES

Gabo a los trece o catorce.
Ya era un chévere.
Colombia, 1940.

Mercedes a los catorce,
bajo el sol caribe.
Colombia, 1946.

Mercedes a los diecisiete.
Esta cara lo dice todo. Colombia, 1950.

21 de marzo de 1958.
Sí se puso el vestido.
Barranquilla, Colombia.

A finales de los años sesenta,
cuando todavía era sano fumar.
España, 1968.

El Club de los Cuatro.
Barranquilla, Colombia, 1971.

12 de octubre de 1982,
la mañana en que
se anunció el premio Nobel.

12 de octubre de 2012.
Treinta años después,
mismo lugar, mismo árbol,
misma bata para la ocasión.

¿Quién se atrevería a decir
que los viejos no son bellos?
Los Ángeles, 2008.

Gonzalo, Gabo, Rodrigo.
Los Ángeles, 2008.

La casa de la calle Fuego.
Ciudad de México, 2019.

Gabo durmiendo
la siesta del martes
bajo una gran ruana
colombiana.
Ciudad de México, 2013.

Animales sociales.
Ciudad de México, 2010.

Ochenta cumpleaños de Mercedes.
Ciudad de México, 6 de noviembre de 2012.

Arcoíris mañanero en la silla de Gabo.
Ciudad de México, 21 de abril de 2014.

00:00

Homenaje
en Bellas Artes,
21 de abril de 2014.

Ofrenda de muertos de los Gabos,
noviembre de 2020, año de la peste.

Gabo se va de casa.
17 de marzo de 2014.

Con mi hermano Gonzalo,
nuestras familias y Mercedes,
alias El Cocodrilo Sagrado,
La Madre Santa, La Jefa Máxima.
Ciudad de México,
21 de abril de 2014.

Agradecimientos

A mi esposa Adriana y a mis hijas Isabel e Inés.

A mi cuñada Pía, y a mis sobrinos Mateo, Emilia y Jerónimo.

A los muchos amigos, empleados de mis padres, médicos y enfermeras a los que hago referencia en el libro.

A Luis Miguel Palomares, Luis y Leticia Feduchi, Mónica Alonso, Cristóbal Pera, Sofía Ortiz, Diego García Elio, Maribel Luque, Javier Martín, Neena Beber, Amy Lippman, Julie Lynn, Bonnie Curtis, Paul Attanasio, Nick Kazan, Robin Swicord, Sarah Treem, Jorge F. Hernández y Jon y Barbara Avnet.